乃木坂

歴史と謎をめぐる旅

藤城かおる

えにし書房

本書に掲載している地図・図版、写真のうち、（F）は著者が作成、または撮影したものです。

乃木坂　目次

OVERTURE　乃木坂って、どこ？

乃木坂46……7／港区と乃木希典……10

1　そもそも乃木希典

（1）生誔地が動く　13

毛利家の屋敷ではない……13／主がいる池……15

（2）新坂町に落ち着くまで　19

連隊長の家……19／並んで通れぬ……21

（3）殉死　25

農人乃木……25／うちのおやじ……29

（4）神社建立　33

世界葬……33／東京乃木神社……35

2 乃木坂の周辺の変遷

（1）大名屋敷から軍都へ 39
（2）青山墓地になる 54
屋敷が墓地に……54／墓地から霊園へ……56
（3）路面電車の延伸と廃止 58
三つの電車会社から……58／大将らしかった……59
（4）射的場と線路 62
射的場落成……62／東京オリンピック……64／青山墓地の東側……66

3 乃木坂周辺の地図から

（1）江戸時代の地図 69
三枚の切絵図……69／二枚の大絵図……73／赤坂通りの変遷……77
筋を変える……81
（2）江戸時代の地誌 84
港区の町方書上……84／行合坂……86
（3）明治時代から第二次世界大戦後まで 87
（4）高度成長期から現代まで 113

4　乃木坂の謎

（1）乃木坂の由来 129
膝折坂と行合坂……129／幽霊坂の由来……131／区議会で決まった……134
没後の乃木坂……136／生前の乃木坂……139

（2）乃木坂の付け替え 142
昭和十九年の大工事……142／坂の下まで……147／東側にできる影……148

（3）トンネル開通反対運動 152
トンネル上の道……152／トンネル封鎖……156

FINALE　乃木坂って、ここ！

坂上が坂下に……163／乃木活……165

参考資料 168

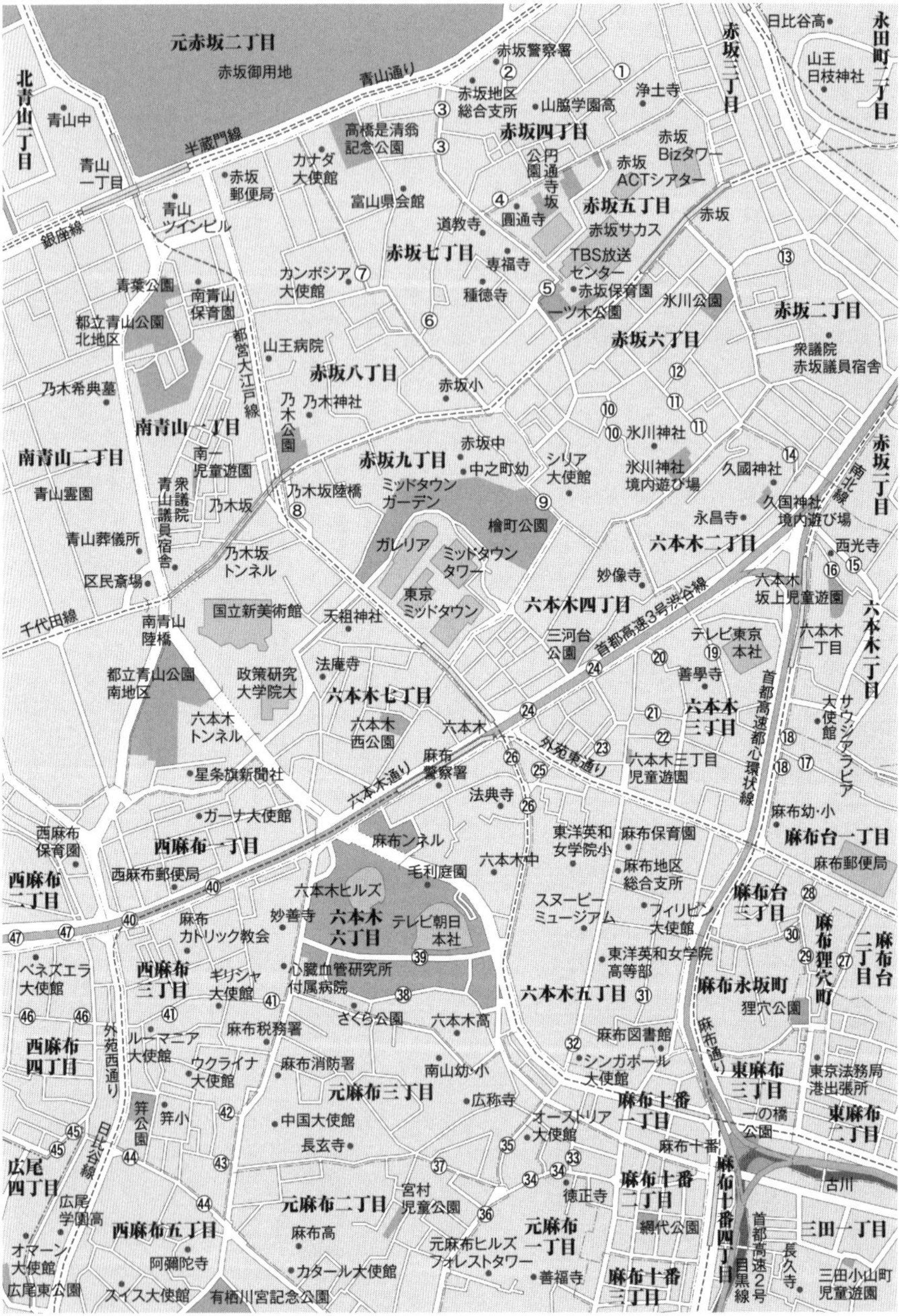

現在の乃木坂周辺。港区には坂がたくさんある。（F）
丸数字は坂。①丹後坂 ②弾正坂 ③薬研坂 ④円通坂 ⑤三分坂 ⑥稲荷坂 ⑦新坂 ⑧乃木坂 ⑨檜坂 ⑩元氷川坂 ⑪氷川坂 ⑫転坂 ⑬福来坂 ⑭南部坂 ⑮スペイン坂 ⑯道源寺坂 ⑰落合坂 ⑱行合坂 ⑲なだれ坂 ⑳寄席坂 ㉑丹波谷坂 ㉒不動坂 ㉓閻魔坂 ㉔市三坂 ㉕饂飩坂 ㉖芋洗坂 ㉗狸穴坂 ㉘鼬坂 ㉙鼠坂 ㉚植木坂 ㉛於多福坂 ㉜鳥居坂 ㉝七面坂 ㉞大黒坂 ㉟暗闇坂 ㊱一本松坂 ㊲狸坂 ㊳さくら坂 ㊴けやき坂 ㊵霞坂 ㊶大横丁坂 ㊷紺屋坂 ㊸中坂 ㊹北条坂 ㊺堀田坂 ㊻牛坂 ㊼笄坂

OVERTURE

乃木坂って、どこ?

乃木坂46

乃木坂にはまるきっかけを作ってくれたのは、ズバリ女性アイドルグループの乃木坂46だった。

平成二十二年（二〇一〇）四月、十八年住んだ長崎から、埼玉県の大宮に引っ越しをして、深夜のテレビ番組をみるようになった。いくつかある女性アイドルグループの冠バラエティ番組のなかに、乃木坂46のメンバーが出演する番組があり、夢中になった。動画をみて、CDを揃え、アンダーライブや全国握手会に行き、しまいには自作のウェブサイト「乃木坂46年表」を作った。

乃木坂46のグループ名「乃木坂」は、グループの最終オーディションが、旧SME乃木坂ビルで行なわれたことに由来している。また「46」には、AKBの48より人数が少なくても、負けないという意気込みが詰まっていた。

そんな乃木坂46から「乃木坂」そのものに興味を持った。歴史を紐解くと紆余曲折が数多くあり、そのなかに乃木希典がいた。

日本の国家中枢を担う東京都千代田区永田町。一丁目には国会議事堂、内閣府、国立国会図書館などがあり、二丁目には、総理大臣の官邸と公邸、衆議院議長と参議院議長の公邸、メキシコ大使館、都立日比谷高校などが控えている。場所柄か、至るところに警官が立っていて、そんな環境にありながら、広く樹木が生い茂っている。

永田町二丁目の西側、樹木が生い茂るなかに日枝神社が鎮座している。

天正十八年（一五九〇）、徳川家康が江戸に移封されると、日枝神社は城内鎮守の社、徳川歴朝の産神、江戸郷の総氏神として崇敬された。古くは「日吉山王社」「日吉山王大権現社」「江戸山王大権現」などと呼ばれ、氏子からは「お山」、一般には「山王さん」の名で親しまれた。そして慶応四年（一八六八）六月十一日より日枝神社の称号となった。

円を描いた坂道のなかに杜が広がり、中心の高台に荘厳な本殿が建つ。厳かで喧騒がなく、幻想的な世界をかもし出している。神社の入り口に建つ鳥居は、笠木の上で合掌の形に破風を組んでいる、山王神社独特の形をしていた。

日枝神社の西側、鳥居前の山王下（日枝神社入り口）交差点におりると、多くの車が行き交う現実の世界に引き戻される。皇居を囲む外濠に沿って、外堀通りが

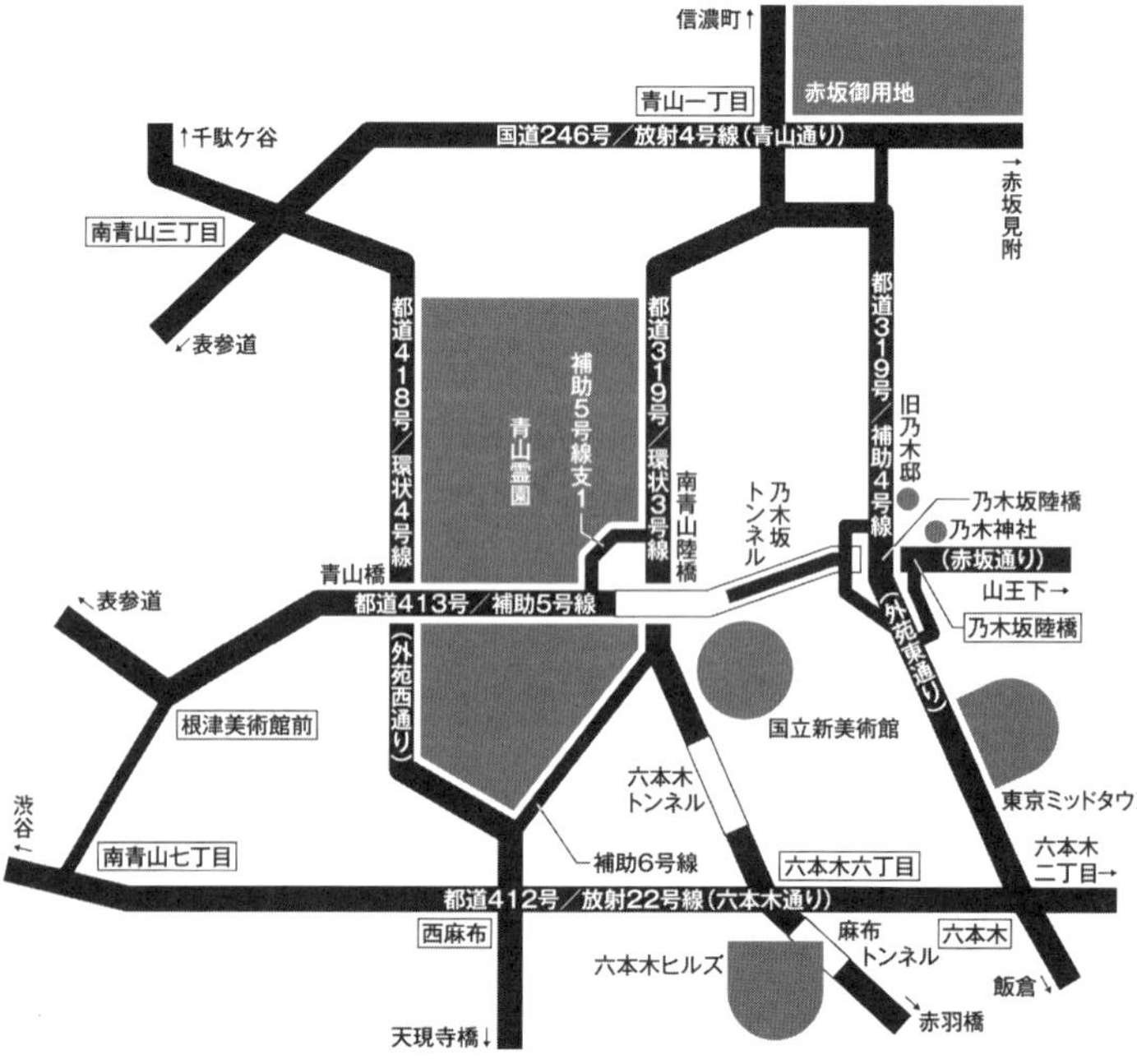

乃木坂周辺の主要地図。（F）

南北に走り、さらに神社を背にして、西に向かって赤坂通りが延びる。赤坂通りを真っすぐ一・三キロほど進むと、外苑東通りと立体交差する。

そして、外苑東通りの下をくぐると、そのまま乃木坂トンネルとなり、青山霊園を横切って、根津美術館、表参道、渋谷方面につながる。外苑東通りをくぐる手前、乃木坂陸橋の交差点を左折すると乃木坂になる。旧SME乃木坂ビルの前からS字にカーブして、坂をのぼると外苑東通りに合流する。

しかしその昔、日枝神社からの道は、そのまま真っすぐ乃木坂をのぼり、外苑東通りには丁字形につながっていた。当時、坂は左に曲がらず、陸橋も、その先に続くトンネルもなかった。

また、赤坂通りとつながる外苑東通りは、途中でカギ字に曲がっていた。

名残りがある。六本木方面からの幅広い外苑東通りは、右にくだる乃木坂への分岐を過ぎると、すぐ道なりに少しだけ右にカーブする。その広い通りとは別に、右に曲がらない道が左に分岐する。道は外苑東通りに並行し、一三五メートルほどで右に曲がり、外苑東通りに直交する。この道が昔のカギ字となる、もともとの道だ。明治時代、電車を通すにあたり、真っすぐの新しい道を拓くまでの主となる道だった。

赤坂通りが外苑東通りと立体交差をする手前、右側（北側）が赤坂八丁目で、左側（南側）が赤坂九丁目となる。

八丁目と九丁目の境は、赤坂小前の交差点から、外苑東通りの交差部分までの間となる。北側の八丁目は、乃木神社、乃木公園、赤坂小学校、山王病院、カンボジア大使館、赤坂郵便局を含む青山通りまで。南側の九丁目は、旧SME乃木坂ビル、赤坂中学校からミッドタウンガーデン、檜町公園、サントリー美術館、ミッドタウン・イーストまでが範囲となる。

赤坂通りから、乃木坂陸橋交差点の手前右側（北側）角が乃木公園となり、その手前に乃木神社への入り口となる一の鳥居が建つ。また、六本木方面から外苑東通りを北に向かって、乃木坂陸橋を跨いですぐの東側（右側）角に乃木公園があり、その先に旧乃木邸への門が構える。旧乃木邸がある公園と神社は、階段でつながっている。

港区と乃木希典

乃木坂。名前の由来は、明治時代の陸軍軍人で教育家の乃木希典に因んでいる。

坂の周辺は、公園や神社の他にも乃木で満ちあふれていて、公共の施設では、東京メトロ千代田線に、ズバリ乃木坂駅があり、港区コミュニティバスの停留所が二つある。六本木方面から右折し乃木坂をくだるバスは、坂の手前に「乃木坂駅入り口」があり、また青山一丁目方面から左折し乃木坂をくだるバスは、坂の手前に「乃木公園」がある。ほかにも、乃木坂陸橋や乃木坂陸橋交差点、乃木坂トンネルに乃木坂駅前郵便局などがある。

千代田線の乃木坂駅ができてから、地域名として一般化した。マンションや企業名などに浸透し、周辺は「乃木坂」であふれている。しかし、町名にはなっていない。

地域の代名詞となった乃木坂、その由来となる乃木

昭和８年、丁字につながる乃木坂上から、真っすぐ日枝神社方面を見おろしている珍しい写真。左側に、乃木神社の入り口となる階段が見える。（『増補 写された港区４（赤坂地区編）』91 頁）

希典。実は乃木希典と港区の間には深いつながりがあった。

乃木が生まれたのは、長府藩毛利家の上屋敷で、明治時代に麻布区北日ヶ窪となった。いまは六本木ヒルズとなり「生誕之地」の碑が建つ。また、乃木が一時期、連隊長を務めた歩兵第一連隊の兵営は、もともと長門萩藩毛利家の下屋敷があったところで、のちに赤坂区檜町となり、いまは東京ミッドタウンとなる。

結婚後の新居は芝区西久保桜川町で、いまは近くに虎ノ門ヒルズがそびえ「由縁地」の碑が建つ。終の住処となるのは赤坂区新坂町で、いまも旧宅が残る。そして、埋葬地が青山霊園の一角にあり、妻静子と眠っている。もとは郡上藩青山家の下屋敷があり、のちに赤坂区青山南町三丁目となった。

乃木は生まれてから亡くなるまでの節目を、麻布区、赤坂区、芝区で過ごした。のちに、三つの区が合併して港区となる。意図的なのか、たまたまなのか。どちらにしても、乃木と港区は因縁深い。

2018 年 8 月 29 日、乃木坂陸橋の上から日枝神社方面を見おろす。横断歩道の手前に右へ入る路地があり、上の写真で坂の途中、道幅が変わる個所となる。右の写真と同じ位置から撮影。(F)

乃木坂の中核をなすＳ字のカーブ。手前が赤坂通りからの分岐、先が外苑東通りとの合流となる。（F）

1　そもそも乃木希典

（1）生誕地が動く

毛利家の屋敷ではない

乃木坂の名の由来となった乃木希典は、明治時代の陸軍軍人で教育者でもある。そんな乃木希典が生まれたのは、どんな場所だったのか。

ときに、江戸が東京になる十九年前の、嘉永二年十一月十一日（一八四九年十二月二十五日）。乃木は麻布日ヶ窪にある、長府藩毛利家上屋敷付属の侍屋敷で生まれた。

乃木が生まれる二ヵ月前の十月七日、アメリカの作家エドガー・アラン・ポーが亡くなり、十月十七日には、ポーランドの作曲家フレデリック・ショパンが亡くなっている。また、同じ年に生まれた有名人として、西園寺公望［十月二十三日（十二月七日）］や昭憲皇太后［四月十七日（五月九日）］をはじめ、パブロフの犬で有名な生理学者のイワン・パブロフ（九月二十六日）や、指を三方に伸ばすフレミングの法則を発表した、物理学者のジョン・フレミング（十一月二十九日）らがいる。

四年後の嘉永六年六月三日（一八五三年七月八日）には、ペリー率いるアメリカ海軍東インド艦隊の軍艦が、江戸湾の浦賀沖に姿をあらわした。そんな頃のこと。

司馬遼太郎は『殉死』の書き出しで、日ヶ窪について描いている。

麻布に、日ケ窪という町名があった。窪池になっている。旧都電材木町でおりてこのあたりまで歩くと、まわりの三方が高く、このあたりだけが大きく窪み、陽が射しにくい地形であることがわかる。いまも樹木が多いが、江戸のころはとくに樹木が鬱然と地をおおい、晴れた日でも地面が黒く湿っていた。そういうところから、日ケ窪といういかにも叙景的な地名ができたのであろう。

（九頁）

江戸時代の切絵図「東都麻布之絵図」から、生まれた場所を探してみると「毛利甲斐守」また「毛利右京亮」とある。現在でいうと六本木ヒルズの北側となる。

いまの地図でまわりを見渡してみると、六本木中学校の北側に長耀寺、南山小学校の南側に龍澤寺、けやき坂の西側に妙善寺がある。三つの寺は明治時代の地図にもある。江戸時代の地図にもある。長府藩毛利家の上屋敷は、ほぼ三つの寺に囲まれたなかに収まる。

それでは、乃木が生まれた侍屋敷は、上屋敷のどの辺りにあったのか。桜井忠温が昭和三年（一九二八）に書いた『将軍乃木』にあった。

乃木さんは生粋の江戸つ子なのである。生れたところは、麻布は日下窪、長府藩毛利邸内、父の十郎希次が江戸詰であつた時に、麻布の谷底で生れた。それは嘉永二年十一月十一日正午であつた。希次の三男で無人と名づけられた。

乃木さんの生れた所は今でいふと、北日下窪三十番地、法学博士増島六一郎氏邸に当る。産湯の井といふのも残つてゐるさうである。（六三頁）

「北日下窪三十番地」は、住居表示が実施される前の住所となる。明治時代の地図をみると、赤羽橋方面から古川に沿い、一の橋を渡ってもそのまま真っすぐ進み、南日ヶ窪から北日ヶ窪の芋洗坂をのぼって饂飩坂に入る手前の左側で、法典寺や長耀寺に入る路地の南側角となる。ただ、江戸切絵図でみると、毛利甲斐守の屋敷の北側にある小笠原備後守（豊前小倉新田藩小笠原家）の上屋敷よりも、さらに北側となる。ピンポイントで落とすと、どうみても毛利甲斐守の屋敷ではなくなるのだ。

主がいる池

江戸時代の毛利家屋敷がなくなったあとの明治十五年（一八八二）に、曹洞宗専門学本校が、駒込吉祥寺から麻布北日ヶ窪に移転してきた。十月十五日に曹洞宗大学林専門学本校と改称し、三十八年（一九〇五）には、曹洞宗大学と改称。大正二年（一九一三）、東京府の荏原郡駒澤村に移転し、のちに駒澤大学となる。

明治二十年（一八八七）には、中央大学の創始者で、弁護士、法学者の増島六一郎が、旧長府藩毛利家の上屋敷のうち、池がある東側低地を自邸として取得。庭園を「芳暉園《ほうきえん》」と名づけた。

実は、乃木は増島邸を訪ね、井戸などを確認しているという。乃木がいつの時期に、なにをきっかけとし

麻布トンネルは、六本木六丁目の交差点と六本木ヒルズの北側をくぐる。（F）

て井戸を見に行ったのか、気になるところである。
明治四十四年（一九一一）の地図を見ると、北日ヶ窪町には、朝日神社、法典寺、長曜寺、第三高等女学校、ボリビヤ公使館、アルゼンチン公使館、牧田邸、真田邸がある。

第三高等女学校は明治三十五年（一九〇二）、現在の六本木中学の位置に開校、高等女子教育の名門となり「浅草の一女（白鴎）、小石川の二女（竹早）、麻布の三女（駒場）」と呼ばれた。そして、昭和二十一年（一九四六）に駒場へと移転した。

大正時代、広い長府藩毛利家上屋敷のうち、西側高台に旧信濃国松代藩主の真田伯爵邸があった。住所は麻布区材木町五六番地、現在の地図でいうと、六本木ヒルズ森タワーの北西側角辺りとなる。

大正八年（一九一九）四月に、「乃木大将誕生地」として旧跡指定を受け、昭和七年（一九三二）には玄磧《げんせき》坂の北側、北日ヶ窪児童公園に「乃木大将生誕之地」の碑が建つ。昭和十八年（一九四三）三月に、「毛利甲斐守邸跡」として旧跡指定を受けた。

昭和二十七年（一九五二）、北海道の余市にあった

乃木希典が生まれた日ヶ窪には、54 階建ての森タワーが建つ。（F）

大日本果汁株式会社が東京に進出。商号をニッカウヰスキーとし、本社を日本橋に置いた。三月には、麻布区北日ヶ窪町の東側庭園付近の土地を購入して、瓶詰めを行なうための東京工場を設置した。周辺の水はとても上質だったという。創業者の竹鶴政孝は「ここには主がいるから、決して埋めてはならない」と池を残し、工場は四十二年（一九六七）に千葉県柏市へと移転した。

昭和三十四年（一九五九）二月一日、教育放送局の日本教育テレビが、港区麻布材木町五五番地で本放送を開始。三十五年十二月、社名表示・略号がNETテレビに統一され、五十二年（一九七七）四月一日には社名が全国朝日放送に、略称がテレビ朝日となった。また同年、高台にあったテレビ朝日が広く土地を買収し、新社屋が建てられた。増島邸の芳暉園にあった池は、そのままニッカ池と通称され親しまれた。

昭和の高度成長期、東京オリンピック前には、北側に東京都市計画道路の幹線街路環状3号線が開通し、麻布トンネルができた。

平成十年（一九九八）、六本木六丁目地区市街地再

毛利庭園は再開発で新しく整備された。（F）

開発組合が設立され、十二年四月に、再開発事業が着工。十五年四月に「六本木ヒルズ」がオープンし、西側に森タワー、東側にテレビ朝日の本社、その北側に毛利庭園がそれぞれ誕生した。ただ、もともとのニッカ池は埋められ、新たに掘られた池がお目見えした。再開発により、北日ヶ窪公園と六本木公園が、けやき坂の南、さくら坂に沿ってできた、さくら坂公園に統合された。休みの日は親子連れで賑わう。そんな公園の片隅に「乃木大将生誕之地」の碑が移った。

「乃木大将生誕之地」の碑は、さくら坂公園の木陰にひっそり建っている。(F)

六本木ヒルズを横断するけやき坂。その上をまたぐ橋から東をみると、正面に東京タワーが飛びこむ。(F)

（2）新坂町に落ち着くまで

連隊長の家

乃木希典の終の住処となる新坂町の邸宅のことは、よく記述される。実際、建物が現存し、年に一回、定期的に邸内の見学会が行なわれる。しかし、その前の西久保桜川町の家や、それ以前の住まいに関しては、なかなか表に出てこない。ここで少し追いかけてみる。

乃木は軍職中、四回の休職を願い出たが、その第一回は、明治七年五月十二日から四ヵ月にわたった。

　この第一回の休職中に、乃木は長府に帰って一家を東京に迎えている。そして麻布笄《こうがい》町に住居を構えたが、すぐ麻布永坂や京橋の槍屋町へと転々としている。

（『人間　乃木希典』一九三頁）

『乃木希典日記』の年譜「明治七年（一八七四）二十六才」の項に載っていた。

　五月十二日、名古屋鎮台在勤を免ぜられる（休職四ヶ月）。父を奉して長府に帰る。萩に恩師玉木先生を訪い、弟正誼と語る。

　六月、母寿子並に弟妹を東京に伴う。東京では、麻布市左ヱ門町、同笄町、同永坂町と転々、翌八年京橋槍屋町六番地の新居に移る。

（一〇一四頁）

のちに、京橋槍屋町から芝区西久保桜川町に移ることになるが、『乃木希典日記』にその記述はない。「明治十二年（一八七九）三十一歳」の項では、もう新坂町での話となる。

　十一月、赤坂区新坂町五五番地に邸宅を設け、芝西久保桜川町より移る。

（一〇一五頁）

別の資料にあった。

槍屋町の家を三千円で売って、芝区西久保桜川町に一戸を借りた。その家は平屋建てのごく粗末な家で、五間しかなかった。門は傾き、板塀は破れ、庭も荒れはてて、とても連隊長の住むような家ではなかった。

（『人間　乃木希典』一三五頁）

希典は芝区西久保桜川町に家を借りていた（翌年、赤坂区新坂町に転居）。平屋で部屋は五間あったが、門の柱は歪み、板塀は破れかかっていた。

この家に母や妹も暮らしていた。家族が住む方は家具や調度品もあったが、希典が居間に充てた六畳間の室内には装飾らしいものはなく、殺風景だった。

明治天皇の御真影が一枚掲げてあるほかは、一脚の机しかなかった。簡素を絵に描いたような生活である。山県ら明治の高官が御殿のような大邸宅に暮らしていたのとは対照的である。

「これが歩兵第一連隊長である乃木中佐の家とは……」

訪れた軍関係者がとまどうほどの質素な家であった。

（松田十刻『乃木希典』一四七頁）

西久保桜川町に家を借りたのは、赤坂新坂町に移る前年だと分かる。

ここで乃木が移り住んだ町名を、地図から探してみる。実は麻布区に「市左ヱ門町」はなく、変わりに市兵衛町一丁目、二丁目があった。もし市兵衛町とすると、港区六本木一丁目の交差点辺りとなる。「同笄町」は青山霊園の南側に広がり、「同永坂町」は港区麻布十番の交差点北側となる。

また「槍屋町」はなく「鎗屋町」の間違いと思われる。「京橋区鎗屋町」は、銀座三丁目と四丁目を合わせた西側で中央通りから二区画目にあり、「六番地」は銀座三丁目の交差点から西に入った道沿いの北側となる。

明治十年（一八七七）十月三十一日、京橋区鎗屋町に住んでいるときに、父希次を亡くす。そして、十一年一月二十六日、乃木は熊本鎮台幕僚参謀を免ぜられ、歩兵第一連隊の第二代連隊長に補任される。熊本鎮台を離れてから東京で任務につくまでの動向が、講談社学術文庫の『乃木希典』にあった。

乃木は、熊本鎮台参謀を一月二十六日付で免ぜられ、東京の歩兵第一連隊長に補せられた。二十九日に熊本を出立、二月一日長崎より乗船、翌二日午後馬関に上陸、故郷を訪れ、また萩で玉木の墓詣りをするなどして数日をすごした。十一日神戸着、十二日には大坂鎮台を訪れた後、鎮台の福原実大佐と昼日中より南郭松力楼にくりこみ「二妓侍従ス」る宴を三時間ばかりくりひろげ、「近年稀有ノ酩酊」ぶりで帰船。十四日に横浜着、翌十五日より新任務についた。（八九頁）

そして明治十一年（一八七八）八月二十七日、三十歳の乃木希典は鹿児島藩士族、湯地定之の四女シズ子と結婚し、九月三日に婚姻届を提出。結婚を機に、芝区西久保桜川町九番地に居をかまえる。翌十二年八月二十八日、長男勝典が生まれ、十一月には、妻静子と生まれたばかりの勝典をつれて、芝区西久保桜川町をあとにした。

1 そもそも乃木希典

並んで通れぬ

皇居を背に桜田門から国道1号、通称桜田通りを南下し、霞ヶ関の官庁街を抜け虎ノ門交差点を過ぎると虎ノ門一丁目となる。次の二丁目の交差点から、斜め左に新橋駅の南側に至る環状2号線、旧マッカーサー道路の一部は、いまは築地虎ノ門トンネルになっている。トンネルの上には、平成二十六年（二〇一四）六月に再開発された虎ノ門ヒルズがそびえる。

西久保桜川町は、虎ノ門一丁目の交差点と、虎ノ門ヒルズの角、愛宕一丁目の交差点を対角とした四角形の区画となる。

当時の番地をみると、東角の一番地から時計まわりに、南角が三番地、西角が八番地、北角が一七番地となり、二〇番地まで振られている。乃木が住んだ九番地は、いまの国道1号沿い。新しくなった虎ノ門二丁目交差点のすぐ南側で「乃木将軍由縁地」の石碑が建つ。ただ、二丁目交差点の南側は再開発が進行中で、地下鉄日比谷線に新しく虎ノ門ヒルズ駅が開業する予定だ。「由縁地」の碑がどうなるか動向が気になる。石碑の横には乃木神社宮司による説明文「乃木将軍縁故の地」があった。

この地は乃木将軍が明治十一年歩兵第一連隊長に補せられ間もなく居宅を購い同年八月静子夫人を迎えて新居を構え翌十二年八月長男勝典氏誕生同年冬新坂町へ移転まで住まれたゆかりの地である

そして、西久保桜川町の次に住んだ新坂町の「地所は、長男の勝典が生まれた時に求めたもの」（福田和也『乃木希典』一四頁）だった。

ここでいま一度、赤坂区新坂町に移るまでの乃木の動向をまとめてみる。

明治七年六月　休職中の乃木は家族を呼び、麻布区市兵衛町に住む。のち、同笄町、同永坂町に移る。

（九月十日　休職の後、陸軍卿伝令使を命ぜられる）

明治八年　京橋区鎗屋町に移る。

旧西久保桜川町に建つ「乃木将軍由縁地」の碑は、草で覆われていた。（F）

「乃木将軍由縁地」の碑の近くには、52 階建ての虎ノ門ヒルズが建っている。（F）

（十二月四日　伝令使を免ぜられ熊本鎮台歩兵第一四連隊長心得となる）

明治九年（十月　秋月の乱を追討）

明治十年（二月二十日　小倉営所司令官兼勤。西南戦争へ従軍する）

（三月二十一日　出征第一旅団参謀兼勤となる）

（四月二十二日　熊本鎮台幕僚参謀に兵第一四連隊長心得、小倉営所司令官心得、出征第一旅団参謀兼勤を免ぜられる）

十月三十一日　父希次を亡くす。

明治十一年（一月二十六日　東京鎮台歩兵第一連隊の連隊長に補任される。熊本鎮台幕僚参謀を免ぜられる）

まもなく芝区西久保桜川町九番地に居宅を購う。

八月二十七日　結婚。西久保町に妻を迎えて新居を構える。

九月三日　入籍。

明治十二年八月二十八日　長男勝典が生まれる。

同じくして赤坂区新坂町五五番地に地所を求める。


十一月　新坂町に邸宅を設け移転する。

移転先の新居は終の住処となる。

乃木は新坂町の邸宅から、勤務地となる歩兵第一連隊の兵営に通った。乃木邸の門を出て、左へ真っすぐの一本道を四六〇メートルほど進むと歩兵第一連隊兵営の正門となる。楽に歩いて通える距離だ。徒歩か、単騎馬上か、護衛つき馬車か、人力車か。移動手段は定かでない。

一つ疑問がある。明治十一年一月から歩兵第一連隊に勤務しているのに、まもなく西久保桜川町に家を得ている。歩兵第一連隊に近い新坂町でなく、なぜか離れた西久保桜川町なのだ。はじめから新坂町にすれば、西久保桜川町から、妻と生まれたばかりの子を連れて新坂町へ移らなくてもすんだはずなのに。西久保桜川町でなければならない理由があったのか。

明治十四年（一八八一）十二月十六日に次男保典が生まれる。乃木は、十六年二月五日に本職を免じ、東京鎮台参謀に補せられる。檜町の歩兵第一連隊の兵営に連隊長として勤務したのは、明治十一年から十六年までの五年間、年齢にして三十歳から三十五歳までとなる。

乃木が新坂町に移り住んだときの付近の様相が、大正元年（一九一二）九月二十一日付の『読売新聞』にあった。乃木夫妻が亡くなったあとの記事となる。

将軍の家族が此所に居を卜したのは煙草屋が東京に出たよりも三年前の明治九年で将軍が未だ大佐の時であつた、その頃の同町は御家人町で往来幅は二人並んで通れぬ位、数日前に「乃木坂」と記した新しい木標の立つた辺から彼方は一帯に畑地で寺が一軒野中の一本杉と云ふ形であつた。

『読売新聞』の記事では、乃木が家族と一緒に新坂町へ移った時期を、明治九年（一八七六）としている。すると『乃木希典』の巻末年譜にある結婚よりも、第一連隊長の補任よりも前に、家族と引っ越したことになる。

なかには興味深い記述も見られる。明治九年頃の道

煉瓦造りの馬小屋は外苑東通りに沿って建つ。(F)

幅は、二人並んでは通れないくらい、というのだ。道がどこを指すのか、乃木邸前の道か、それとも坂道か。どちらにしても、二人並んで歩けないほどの狭さだったということになる。

（3）殉死

農人乃木

明治二十二年。新坂町に移り住んでちょうど十年が過ぎたとき、乃木は通りに沿った邸内南側に、イギリスから取り寄せた煉瓦で馬小屋を建てた。平屋の馬小屋には馬丁室、馬房、馬糧庫などが備わる。住居母屋が木造なのに、煉瓦造りの立派な馬小屋が建ち、周辺の人々は「新坂の馬屋敷」と評した。

のちに日露戦争のとき、旅順開城後に清の駐屯地水師営で、乃木とステッセル将軍が会見をした。ステッセルは自身の愛馬、アラビア産の牡馬を乃木に贈ったが、乃木は個人での授受は軍規に背くとして、はじ

将軍の愛馬壽号。（「乃木将軍邸公開参観記念絵ハガキ」港区みなと図書館所蔵）部分

めは軍役用として乗用した。馬にステッセルの頭文字「ス」から「壽《す》号」と名づけ、凱旋後には払い下げ、自身の馬として愛した。「壽号」も「新坂の馬小屋」にいた。

乃木の四回にわたる休職の時期と期間をみてみる。

一回目は二十六歳。明治七年（一八七四）五月十二日から九月十日までの四ヵ月。

二回目は四十四歳。二十五年（一八九二）二月三日から十二月八日までの九ヵ月。

三回目は五十歳。三十一年（一八九八）二月二十六日から十月三日までの七ヵ月。

四回目は五十三歳。三十四年（一九〇一）五月二十二日から三十七年二月五日までの二年半。

明治三十四年（一九〇一）五月二十二日、乃木希典が四国善通寺の第十一師団長だったとき、部下が馬蹄銀事件に関与したと疑われ、依頼休職を申し出て帰京した。表向きの休職理由はリウマチとし、四回目のいちばん長い休職をした。

旧乃木邸の表玄関右側から、外周をめぐる回廊がある。回廊を進んだ突き当たり手前の左角部屋が、畳敷きの乃木の居室となり、窓越しに２人が自刃した室内を目にすることができる。（F）

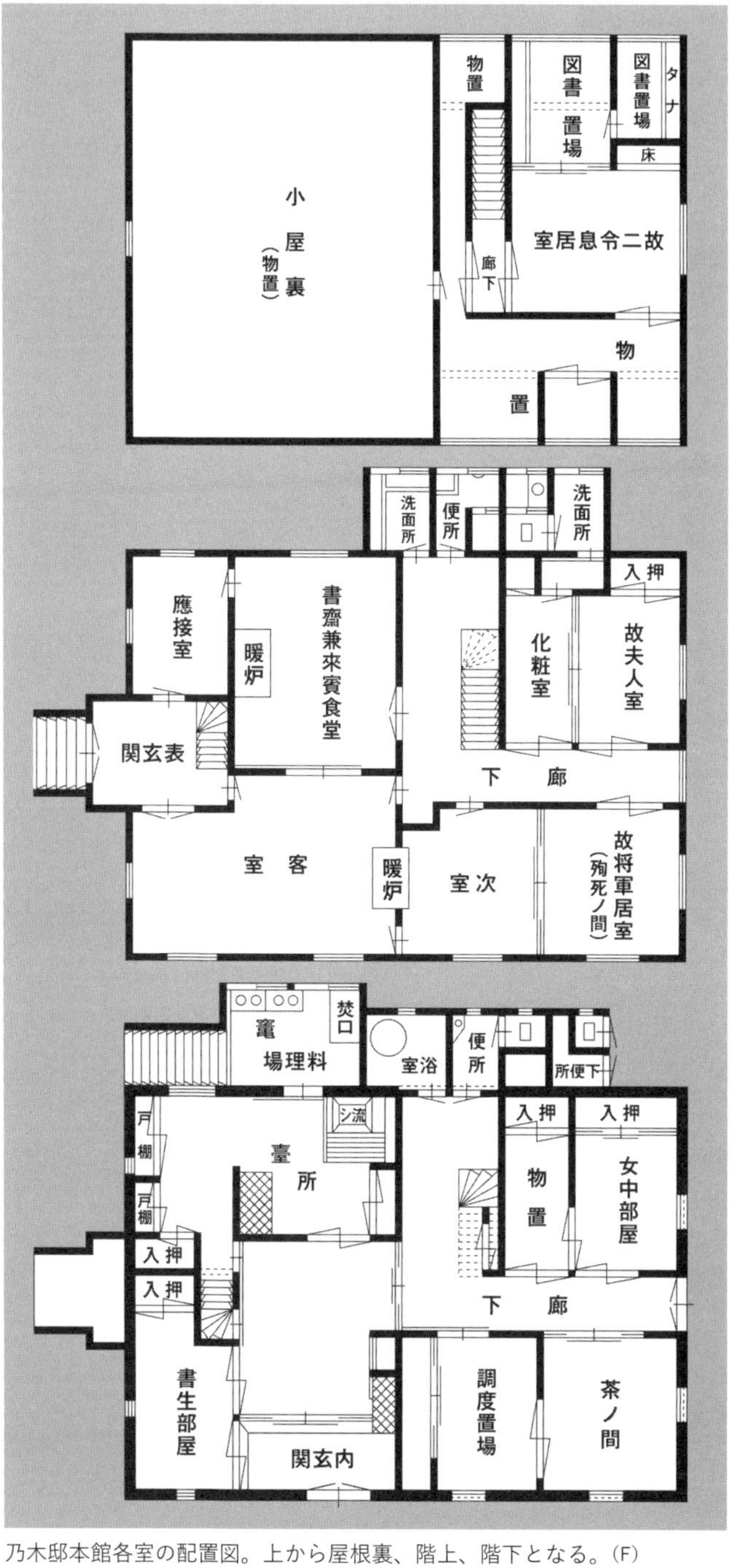

乃木邸本館各室の配置図。上から屋根裏、階上、階下となる。(F)

休職中の明治三十五年（一九〇二）、乃木は新坂町の邸宅を改築し、現在も残る姿になった。

乃木は明治二十年（一八八七）一月から翌年の六月までドイツに留学、フランスを視察した。邸宅は、留学中にフランス陸軍の連隊本部のスケッチを模して、自ら設計したといわれる。傾斜地を利用して、正面地平に一階フロアの表玄関があり、右横に地階から入る内玄関、裏にまわると地階が地平の一階部分になる。間取り図を見ると、見た目よりかなり広い感じがする。

休職中の乃木夫婦は、東京の邸宅のほか那須野の別邸にもあった。

那須野の別邸は、栃木県那須郡狩野村石林にある。東北新幹線の那須塩原より、東北線で一つ手前の西那須野から東の方角、歩いて三十分足らずの距離に位置する。

もともとは、妻静子の叔父で旧薩摩藩士の吉田清皎《きよとし》が所有していた、一四ヘクタールの土地に、農家造りの住宅一棟と納屋があった。乃木は、明治二十四年（一八九一）四月に、吉田の未亡人品子から一千四百

奥が別邸で、右側が納屋となり、納屋の裏に井戸と湯沸所がある。（F）

円で購入。翌年、自ら農家風の別邸を設計した。また軍職にありながら、近隣の村人と親しく交わり農業に従事し、勧農に取り組んだその姿は「農人乃木」とも称された。

明治三十七年（一九〇四）二月四日。緊急御前会議でロシアとの国交を断絶、対ロシア開戦が決定される。五日には、御前会議で開戦が決定し、六日、ロシアに国交断絶が通告される。十日には、日本がロシアに対する宣戦布告の詔書を発布、ロシアも日本に対して宣戦布告し戦争がはじまった。

二月五日、乃木に動員令が下り、留守近衛師団長として軍職に復帰。四回目の休職が終わった。五月二日には、第三軍司令官に任命され、六月一日、広島県の宇品港を出航、戦地に赴いた。

うちのおやじ

明治三十七年（一九〇四）、乃木はロシアとの戦争で二人の息子を亡くした。

五月二十六日、乃木が連隊長を勤めた歩兵第一連隊の小隊長だった長男勝典は、遼東半島の南山の戦いで負傷し、手術を受けるが翌二十七日に死亡した。享年二十六。

そして十一月三十日には、次男保典が旅順第三回総攻撃の二〇三高地で戦死。享年二十四。保典の死は、二〇三高地を占領する五日前だった。

ロシアとの戦争が終わり、明治三十九年（一九〇六）一月十四日東京に凱旋した乃木は、間もない一月二十六日、軍事参議官に補せられた。さらに、翌四十年一月三十一日には、学習院の院長を兼任することに

乃木の二人の息子。兄勝典（右上）と弟保典（左下）の肖像。（「乃木将軍邸公開参観記念絵ハガキ」港区みなと図書館所蔵）

なり、皇族や華族子弟の教育に携わった。当時、学習院は四谷区尾張町にあり、四十一年には、初等学科と女学部を残して、東京府下の高田村に移転した。

乃木は雰囲気を一新しようと六棟の寄宿舎を建て、全寮制を布いた。新坂町の自宅へは月に一、二回帰宅するだけで、それ以外は寄宿舎に入った。中等科や高等科の生徒と寝食を共にし、生徒は乃木を「うちのおやじ」と敬愛した。

明治四十一年四月、のち昭和天皇となる迪宮裕仁《みちのみやひろひと》親王が学習院に入学。乃木は、勤勉と質素を旨として教育に努めた。裕仁親王は、赤坂の東宮御所から目白の学習院まで車で通っていたが、乃木は徒歩で通学するように指導する。以降、裕仁親王は、どんな天候でも歩いて登校するようになったという。

明治四十五年（一九一二）七月三十日、明治天皇が崩御し、元号が明治から大正に変わった。そして、青山葬場殿（練兵場、のちの神宮外苑）において、明治天皇の大喪の礼が行なわれた大正元年九月十三日、乃木夫妻は天皇のあとを追うように新坂町の家で殉死した。

乃木希典肖像（「乃木将軍邸公開参観記念絵ハガキ」港区みなと図書館所蔵）

乃木大将夫人肖像（「乃木将軍邸公開参観記念絵ハガキ」港区みなと図書館所蔵）

（3）殉死

殉死の室（「乃木将軍邸公開参観記念絵ハガキ」港区みなと図書館所蔵）

那須乃木神社境内と静沼樹林に立つ乃木像。（F）

邸宅一階東南にあたる角の乃木の居室が、自刃した部屋となる。乃木六十二歳、静子五十四歳だった。

東京で乃木夫妻の葬儀が執り行なわれた、大正元年九月十八日、栃木県石林地区の住民は乃木別邸前で遥拝式を催した。五年三月六日に乃木神社の社殿が竣工し、四月十三日に鎮座祭が行なわれた。

神社は、別邸からみて静沼をはさんで背を向いた形に建った。あとに建った社殿は、最寄りの西那須野駅に近いバス通りから、真っすぐ参道が延び駅を向いている。先に建った別邸は、西那須野駅に背を向くことになった。

大正七年二月八日には、妻静子が配祀神として合祀された。

その後、昭和四十一年（一九六六）三月十八日に「乃木希典那須野旧宅」として栃木県史跡に指定された。平成二年（一九九〇）十月二十八日には不審火により建物が焼失するが、平成五年三月に復元竣工となった。

乃木の葬列。（『明治東京図誌　第 2 巻 東京 2』127 頁）

（4）神社建立

世界葬

東京の乃木神社が創建されるまでには紆余曲折あった。

乃木希典と妻静子の二人の葬儀は、大正元年（一九一二）九月十八日、青山斎場で行なわれ、自発的に集まった十数万の民衆が、沿道から葬儀の列を見送った。各新聞が大きく取りあげ、その様子から「権威の命令なくして行はれたる国民葬」と表現された。また、外国人も多数参列し「世界葬」ともいわれた。

乃木夫妻は、終の住処となった同じ赤坂区内の青山南町三丁目にある青山墓地、1種ロ10号26側4、5番に埋葬された。

そののち、宮城前に楠木正成像と並べて銅像を造ろうという話があり、各新聞にも載ったが、声は盛り上がらず最終的に造られることはなかった。

乃木に跡取りはない。二人の息子は日露戦争で戦死。実弟の正誼《まさよし》は明治九年（一八七六）の萩の乱で亡くし

希典の墓（右）と静子の墓（左）は、青山霊園でひっそりならんでいる。(F)

ている。もう一人の実弟集作は大館家の養子となっていた。

大正二年（一九一三）一月十三日、遺言執行者の陸軍大佐塚田清市と、正誼の実子で親族総代の玉木正之は、赤坂区新坂町の土地と建物、金銭、動産などの財産を東京市に寄贈した。その後、昭和二十五年（一九五〇）港区に移管。六十二年（一九八七）十月二十八日、旧乃木邸と馬小屋が、港区の有形文化財建造物に指定された。

大正二年（一九一三）三月十五日、東京市長の阪谷芳郎男爵は、乃木の知友や幕僚、帝大の教授、市参事会員らを乃木邸に招き、邸宅の保存についての相談会を開いた。阪谷を中心に乃木を敬慕する者たちにより「中央乃木会」が組織された。東京市からの営繕費のほか、広く世間から資金を集めることになった。会合のあと、一同は邸宅の裏手にある祠、乃木神社を参拝。のち、祠には妻静子も合祀された。

大正二年四月十三日、阪谷は名士百五十余人を乃木邸に招待し、祠前で祭典が催された。邸内の見学会が行なわれ、乃木会の規約が発表された。会の目的は「故乃木大将の誠烈を顕揚し其遺蹟を保存する」こと。また隣接地に社の建設、甍去日の祭典、記念品陳列館の建設、購読講談会の開催などの事業を行なう「永久解散せざるもの」と規定した。邸宅の庭は公園として整備、翌四月十四日から一般公開されることになった。

乃木会は毎年九月十三日に祭典を挙行するほか、祭典や講習会などを催し、乃木の遺徳を伝える活動を行なうこととした。また、乃木会では単なる祠だけでなく、境内と社殿を備えた神社がふさわしいと考えはじめるが、実際に神社が建つのは十年先だった。

乃木神社が、全国の乃木の所縁の地に建った。大正五年（一九一六）に北海道の函館、栃木県の那須、京都府の伏見桃山、九年に山口県の長府に建ち、昭和八年（一九三三）には香川県の善通寺に、それぞれ創建した。善通寺の一社を除いて、すべて東京の乃木神社より前に造られた。本家、東京赤坂の乃木神社が遅れをとる形になった。

大正八年（一九一九）三月三日、中央乃木会の阪谷

会長以下五十三人の連署で、神社創建の申請が内務大臣宛てに出され、五月八日に神社創建の許可がおりた。

五月十五日、中央乃木会は乃木神社の鎮座地として、乃木邸の隣接地を購入し、翌九年四月五日には、さらに土地を追加購入した。乃木会は広く寄付を募り、一年以内の竣工を目指した。

大正九年（一九二〇）五月二十三日、午前九時から地鎮祭が執り行なわれた。日枝神社宮司の宮西惟助《これすけ》が斎主を勤め、童女は乃木の姪白須マス子の長女儀子《のりこ》が勤めた。また、横綱の大錦と栃木山による踏み固め式が行なわれた。阪谷会長以下、陸海軍の将校、崇敬者や学生など数千人が参列した。

五月三十日、本所の国技館で奉納相撲が催され、収益金は、神社建築費として大相撲協会から中央乃木会に寄付された。大正十一年には、東京市から補助金が寄付され、七月二十八日には宮内省から建設資金が下賜された。

それでも、予定していた全額には届かず、資金集めが困難を極めた。乃木会会員の間では「神社に大金をかけるより、社会事業に寄与した方がよいのではないか」とささやかれた。その迷いが、神社の完成を遅らせる原因だった。

東京乃木神社

東京の乃木神社は、大正十年（一九二一）四月十日に起工し、十二年四月二十五日に上棟祭りが行なわれた。そして、九月一日の関東大震災から、わずか二ヵ月後の十一月一日、午後五時四十五分に阪谷会長以下参列者が集まるなか、かがり火が焚かれ、鎮座祭が斎行された。

鎮座にあたって皇太子殿下から御菓子料が、首相の山本権兵衛ほか十人の大臣、将校など多数から幣帛料が奉納された。翌日には祝祭が斎行され、多くの参拝者が集まった。

全国の乃木神社が県社に列格されるなか、大正十三年（一九二四）八月八日、東京の乃木神社が、府社への昇格願いを内務大臣宛てに提出、願いはただちに認められた。八月二十九日に東京府社への昇格指令が出され、九月三日に通達書が届けられた。

十日後の九月十三日には、鎮座後初めての大祭が催され、府社昇格の奉告をかねた昇格大祭が執行された。午前中は軍人や学生が中心に参拝し、午後には一般崇敬者が多数訪れた。新聞報道によると、午後二時、三時には境内に人があふれ、深夜二十四時になっても参拝者があとを絶たず、五、六万人が訪れたという。

同じ日、赤坂区内の小学校では、乃木の事蹟についての講話会が催された。また、山脇高等女学校では、中央乃木会主催の講演会が開かれ、講堂からあふれるほどの聴衆で盛況となった。山脇高等女学校は乃木坂の南側、歩兵第一連隊兵営の手前にあった。

昭和八年（一九三三）、第一鳥居が奉納され、閑院宮載仁親王殿下の染筆による社号額が掲げられた。さらに翌九年の工事では、拝殿に破風が設けられ、手水舎が造営された。

港区は、昭和六十年（一九八五）八月十五日に「平和都市宣言」を行ない、以来十年の節目ごとに記念誌を発行している。その三冊目となる『平和の願いをこめて２０１６』に「港区（旧芝区・麻布区・赤坂区）の

乃木神社の第一鳥居につく社号額。(F)

空襲被害一覧」（二九頁）があった。
昭和二十年（一九四五）五月、米軍機による大空襲で東京は焦土と化した。乃木神社も被災した。「空襲被害一覧」から、乃木神社のある赤坂区新坂町を探すと、四月十三日、十四日と、五月二十四日に被災していた。さらに五月二十五日、二十六日には「赤坂区の大半」とあった。

空襲当日、境内各所に焼夷弾が落とされて火災が発生し、手水舎と社務所を除いた本殿以下の社殿が、ことごとく焼失した。社務所で宿泊していた五人と、駆けつけた十数人の兵隊が消火活動を行ない、幸いに御祭神の宝物は無事で死傷者はなかった。

昭和三十七年（一九六二）に本殿以下の社殿が復興し、九月十二日、十三日には本殿遷座載と御祭神五十年祭が斎行された。

いま、旧乃木邸の周囲は、煉瓦造りの馬小屋や御供待所、祖霊社を含んだ乃木公園として整備されている。

旧乃木邸が建つ乃木公園のとなりに、乃木神社が建つ。赤坂通りに面した一の鳥居から、参道を右に二回

外苑東通りに沿った乃木公園には、東郷平八郎の揮毫による社号碑が建つ。（F）

カギ字に曲がると境内が広がる。拝殿を正面にみた右側に授与所があり、その奥の儀式殿の半地下にある宝物殿には、乃木ゆかりの品々が展示されている。ときには自刃に使用された刀二振りが並ぶ。妻静子が使用した短刀と乃木が使用した刀が、なにごともなかったかのように、ガラスの向こうで静かに室内の光を反射させていた。

乃木公園の奥、旧乃木邸裏の片隅にひっそりと祠が

まつられている。

乃木の生前には、敷地内に大神宮殿と祖先の霊を祀る家廟があった。乃木が篤く祀っていた二つの神殿は、遺言により浄火で焼かれた。大正二年（一九一三）、中央乃木会が乃木邸内に乃木小社を創建するが、乃木が邸内社改築のため、中野の別邸に用意していた社殿を移築した。乃木神社の創建までは、社内に乃木家祖先と乃木夫妻を祀り、祭儀が行なわれた。

そしていま、神社の創建以降は乃木家祖霊舎として、乃木家の祖先と二人の息子の霊を祀っている。

2　乃木坂周辺の変遷

（1）大名屋敷から軍都へ

明治時代末期、乃木邸があった赤坂区辺りの地図に目をやると、なぜか陸軍の施設が目につく。『よみがえる明治の東京　東京十五区写真集』に、赤坂区の説明があった。

　明治の段階で、この付近に陸軍関係施設が多いのは、一つには皇居および仮皇居を南西から鎮護する目的があった。しかも広大な面積を占める旧藩邸下屋敷が軍用地予備軍として近傍に分布することは願ってもない条件であったはずである。（一六四頁）

　明治に入って広大な武家屋敷の多くは軍施設に置き換えられていったが、なかでも陸軍の兵営その他の施設はその規模からみても群を抜いていた。ここ赤坂区は皇城鎮護の防衛枢要地区とみなされ、陸軍関係の施設が諸所に割拠したのである。（一六九頁）

仮皇居とあるのは、もともと天皇と皇后は、旧江戸城の西の丸御殿を居住スペースとした。しかし明治六年五月五日に、江戸城の御座所で火災が発生したことで、赤坂離宮に避難し、仮皇居を設けた。のち、明治二十一年（一八八八）十月二十七日、西の丸に新しい明治宮殿が落成し、皇居は宮城と称することになる。

民俗学研究家の今和次郎が、昭和四年（一九二九）に『新版大東京案内』を出した。「動く東京」の章「兵営」では「赤坂イコール兵隊町」と紹介していた。

赤坂区は一面兵隊町だと云つてい丶。東京の兵営の主なものは、ほとんどこの区内にある。近衛第四聯隊は青山北町で、昔の青山練兵場の西南隅に続いてゐるが、その練兵場も、今は明治神宮外苑として、スポーツの中心地に変化してしまつたわけである。その過去を考へる場合、いかに動く東京とは云へ、その変化の甚しいのには感慨の無量なるものがある。

第一師団司令部及び歩兵第一第二旅団司令部も、その近くで、即ち青山南町一丁目にある。乃木神社の向ひ側がさうで、こ丶には大射撃場がある。

歩兵第一聯隊はそのすぐ筋向ひ、乃木神社の正面にあり電車通りをへだて丶向ふに第三聯隊がある。これが有名な麻布の三聯隊で、聯隊旗は、その過去の幾多の武功を語つて旗はまつたくちぎれ、縁の房だけしか残つてゐないのがほこりとされてゐる。

（一七六頁）

そんな赤坂、青山、六本木周辺には、どのような軍事関連施設があったのか。明治時代から昭和初期にかけての軍事施設を中心に、江戸時代と現代をつなげてみる。

▽歩兵第一連隊（赤坂区檜町）

嘉永十三年（一六三六）、麻布清水谷の土地が長門萩藩（長州藩）の初代藩主、毛利秀就（松平長門守）に与えられた。以降、江戸時代末期まで、毛利家の下屋敷（松平大膳大夫の屋敷）があった。周辺に檜の木が多く、屋敷は「檜屋敷」とも呼ばれ、のちの町名「檜町」の由来になり、裏には「檜坂」もある。

明和九年二月二十九日（一七七二年四月一日）、江戸で大火が発生した。出火地から目黒行人坂大火とも呼ばれ、明暦の大火、文化の大火とともに、江戸三大大火の一つといわれる。火は麻布から京橋、日本橋、浅草から千住まで、江戸城下を焼き尽くした。

この大火で長州萩藩は、桜田の上屋敷と芝の中屋敷を失った。七代藩主の毛利重就は、残った下屋敷の土地の再整備に取り組み、家族や家臣が起居する殿舎、長屋を増築、上屋敷の役割をも担う中心的な場所となった。

幕末に近い元治元年七月十九日（一八六四年八月二十日）、攘夷を掲げていた長州藩は、蛤御門の変を起こし、御所に向かって発砲した。それに対して朝廷は七月二十六日、幕府に長州藩追討の勅令を発する。幕府は翌二十七日に朝敵となった長州の藩邸を没収、八月八日から三日かけて、土蔵二十棟を含む大邸宅を取り壊した。

江戸中の火消し人足が召集され、出火のときと同じに半鐘を乱打、役人が指揮を執った。片づけに手間がかかり、木材木片の類は江戸中の湯屋におろされた。

八月二十六日、屋敷跡は火除けの空き地となり、伊達遠江守と鍋島甲斐守に預けられた。この時期の切絵

檜町公園の池をはさんで東屋を望む。（F）

図（地図）を見ると、それまであった「松平大膳大夫」の文字が消え、広い範囲が空白になっている。慶応二年（一八六六）五月二十五日には、屋敷跡が幕府勘定所に移管、「植物場」として活用され、さらに茶園となった。

実は、長州の檜屋敷が取り壊されたとき、麻布日ヶ窪にある長州藩支藩で、乃木生誕の地でもある長府藩邸も打ち壊された。そののち、堀田相模守（山形藩堀田家）が日ヶ窪の屋敷を拝領した。明治二年の地図をみると、北日ヶ窪の広い地域は「毛利」ではなく「堀田相模」になっている。長州藩邸、長府藩邸のほかにも、同じ長州支藩の清末藩や、徳山藩の江戸藩邸も没収となった。

明治元年（一八六八）十二月、長州藩下屋敷跡地の麻布龍土植物場が、東京府の所管となる。四年十二月には管理換えで軍用地となり、連隊の営舎が逐次建設された。

明治六年四月二十四日、営舎が落成し東京鎮台に交付、連隊の創始となる。五月十四日には、東京鎮台歩兵第一連隊第一大隊、第二大隊が編成され、七年四月に第三大隊が編成。十二月十九日、日比谷の操練場にて明治天皇より軍旗を授かった。

明治十一年（一八七八）一月二十六日から十六年二月五日まで、乃木希典が第二代の連隊長を務めた。十七年六月二十五日、第一連隊の兵すべてが赤坂檜町の兵営に集結、二十一年には、東京鎮台が廃止となり師団制に改編され、外地への出動が可能となる。檜町は日清、日露戦争と、戦地への出発地となった。

大正時代を過ぎた昭和十一年（一九三六）二月二十六日、決起将校に率いられた兵士が、政府要人を襲撃するクーデター事件が起こり、第一連隊からは四百五十余人が参加した。事件後の五月、第一連隊は満州へと移駐になり、のち、兵営には近衛第三連隊、第四連隊が転入した。二十年（一九四五）五月二十五日の空襲で、兵営は連隊本部と一部の建物を残して焼失、終戦を迎えた。

昭和二十年九月八日、連合国軍の最高司令官ダグラス・マッカーサーが、赤坂区溜池榎坂町の米国大使館で入所式を行なった。九月十九日には第一連隊の敷地が接収され、ハーディバラックスと呼ばれるようになる。

昭和二十七年（一九五二）四月二十八日、サンフランシスコ講和条約が発効し、第一連隊の跡地は、三十三年（一九五八）に日本政府に返還された。そして三十五年一月十一日、防衛庁本庁が霞ヶ関から移転、十四日には市ヶ谷駐屯地檜町分屯地が設置された。平成十二年（二〇〇〇）四月二十六日、防衛庁の本庁が新宿区市谷本村町に移り、五月八日には、檜町駐屯地が市ヶ谷駐屯地に統合、廃止された。

平成十三年（二〇〇一）四月、赤坂九丁目地区再開発地区計画が決定し、十六年五月に着工。十九年（二〇〇七）一月に竣工し、三月三十日に、東京ミッドタウンがオープンした。東京ミッドタウンは、ショッピングセンターやオフィスビル、ホテル、美術館、ホール、駐車場、公園など、多様な施設で構成される。

ちなみにミッドタウン・ガーデンが整備されるとき、盛り土の側面崩壊防止のために組まれた石は、下屋敷の時代に、排水などに使われた石組溝が使用された。

歩兵第一連隊の兵営跡地のほぼ中央には、54階建てのミッドタウン・タワーがそびえる。（F）

檜町公園に建つ「歩一の跡」の碑。「歩一」は歩兵第一連隊のこと。（F）

▽歩兵第三連隊（麻布区新龍土町）

紀伊和歌山藩徳川家の上屋敷の左下から南に延びるカギ字道に、日枝神社からの道がつながる。丁字交差点の突き当たりに教運寺があり、南隣に肥前鹿島藩鍋島家と、肥前蓮池藩鍋島家の上屋敷が並ぶ。その奥には広い伊予宇和島藩伊達家の上屋敷があった。のち歩兵第三連隊の兵営となる。

第三連隊は、明治七年（一八七四）十二月、日比谷操練場に編成され、八年に高崎に転営。十七年（一八八四）五月には東京に戻り、呉服橋近くの永楽町に屯営、そして二十二年一月、新築された龍土町の兵営に移った。

龍土町は、明治二十三年に歩兵第三連隊が麻布に引越してきて以来、歩兵第一連隊と第三連隊にはさまれて兵営の門前町となった。（『凩の時』八三頁）

龍土町に移った時期は、明治十七年、二十二年、二十三年、三十一年と、資料によってまちまちである。

明治二十一年（一八八八）、高原弘造の設計により第三連隊の兵舎が竣工したが、大正十二年（一九二三）の関東大震災により、兵舎を含む多くの施設が焼失し倒壊、部分破損の被害を受けた。

昭和三年（一九二八）八月、第一師団経理部の設計により、地上三階、地下一階建ての陸軍初の鉄筋コンクリート造りとなる新しい兵舎が建った。「日」の字を形取り、外壁はアール・デコ調のデザインを取り入れたモダンな建築物で、日本の連隊でも一、二を争う近代的な建物になった。エレベータ、スチーム暖房、水洗トイレを備えている。

建物は、関東大震災により大打撃を被った帝都東京で、震災復興の象徴となった。

昭和十一年（一九三六）二月二十六日のクーデター直後の五月、第三連隊の主力は中国東北部に派遣された。のち兵営には、昭和十四年から十六年まで近衛歩兵第五連隊が編成、続いて十八年には近衛歩兵第七連隊が編成し、それぞれ駐屯した。

敗戦後の九月十五日、米軍が敷地を接収、ハーディ・バラックスと呼ばれる施設を建設し、主に新聞社の紙倉庫や自動車修理工場に用いられた。のち、サンフランシスコ講和条約発効後の昭和三十三年（一九五八）十二月に返還された。昭和三年の兵舎はそのまま残り、周辺は都立青山公園として整備された。

昭和三十四年三月には、東京大学の使用が決定し、改修工事に着手。三十五年三月、目黒区駒場から物性研究所が移転し、三十六年一月には、千葉から生産技術研究所が移ってきた。三十七年三月から東京大学生産技術研究所として、一部、物性研究所として使用が開始された。

平成七年（一九九五）十月、生産技術研究所と物性研究所が、駒場へ移転整備され、跡地の一部には「新国立美術展示施設（ナショナルギャラリー）」（仮称）が新たに建設されることになった。

旧兵舎は、生産技術研究所として平成十三年（二〇〇一）まで使われ、新美術館の建設に伴い、解体撤去されることになるが、歴史的価値があるとして一部の保存が決まった。十九年一月に国立新美術館がオープン。残った旧兵舎は、国立新美術館別館として活用されている。

2　乃木坂周辺の変遷

東京ミッドタウンから、国立新美術館に向かう道が

昭和 37 年の新龍土町。東京大学生産技術研究所になったばかりの大きな旧兵舎が見える。（『増補 写された港区 3（麻布地区編）』177 頁）

二本ある。左側の低く細い道が江戸時代からの道で、右側の高い太い道が明治時代、馬車や自動車を走らせるために作った道となる。江戸時代からの道の右側には、肥前蓮池藩鍋島家の上屋敷の石垣がいまも残っている。

太平洋戦争後、米軍が接収した土地のうち、環状3号線の六本木トンネルと青山霊園にはさまれた、都立青山公園の南側は、今もなお米軍から返されていない。赤坂プレスセンターとして、研究機関の事務所や宿泊

一部残された歩兵第三連隊の兵舎の裏側は、近代的なガラズ張りとなり国立新美術館別館として活用される。(F)

旧兵舎のあとに建った国立新美術館の近代的な外観。(F)

施設、米軍準機関紙の星条旗新聞社、ガレージなどがある。また、返還されているにもかかわらず、米軍がヘリポートとして活用している区域もある。まだ、戦後は終わっていないのかもしれない。

▽近衛歩兵第三連隊（赤坂区一ツ木町）

日枝神社から西に延びる道の右側には、広大な土地が広がる。江戸時代には松平安芸守（安芸広島藩浅野家）の中屋敷があった。

明治初期、陸軍は赤坂区一ツ木町の広い屋敷跡のうち、日枝神社に近い東側を接収し、裁判所、衛戍監獄を置いた。のち、衛戍監獄は郊外に移転した。

明治十八年（一八八五）七月十日、近衛連隊が麹町区霞ヶ関の浅野芸州藩邸跡にあった教導団歩兵営内に創設され、第一大隊と第二大隊が編成された。天皇と皇居の守護を目的に、全国から優秀な若者が集められ、入隊は名誉とされた。

郊外に移転した衛戍監獄の跡地と、未整備だった西側を合わせ、赤煉瓦三層建築の兵営が建ち、明治二十六年（一八九三）五月二十日には、近衛歩兵第三

六本木トンネルは、米軍ヘリポートの下をくぐることになる。（F）

連隊が移ってきた。明治二十年の地図をみると、敷地の東側半分に「陸軍囚獄署」があり、西側はまだ整備されていない。ということは、監獄は明治二十年から二十六年の間に移転したことになる。

太平洋戦争後、昭和三十年（一九五五）四月一日、赤坂区一ツ木町三六番地にて、ラジオ東京がテレビの本放送を開始した。平成の時代に入って再開発計画が進み、平成二十年（二〇〇八）三月二十日に、複合施設の赤坂サカスがグランドオープンした。

▽近衛歩兵第四連隊、第六連隊（赤坂区青山北町四丁目）

第四連隊は、第一大隊が明治十九年（一八八六）に、第二大隊が二十年に編成された。二十四年五月三十一日、霞ヶ関から青山北町四丁目の新築兵営に移った。青山練兵場に隣接し、練兵場が代々木に移転してからも残った。

第六連隊は昭和十八年（一九四三）、赤坂にあった皇太后の住まいとなる大宮御所の警備のために編成された。第四連隊、第六連隊ともに跡地は、都営霞ヶ丘アパート、國學院高校、都立青山高校などの一帯となる。

昭和 15 年の近衛歩兵第三連隊の遠景。（『増補 写された港区 4（赤坂地区編）』116 頁）

赤坂パークビル北側、公園緑地内の木陰に「近衛歩兵第三聯隊跡」の碑が建つ。(F)

見上げると左に TBS 放送センターが、右にオフィスビルと高級マンションが建ちならぶ。(F)

▽第一師団司令部（赤坂区青山南町一丁目）

師団は陸軍の部隊を束ねる最大の編成単位となる。もともとは明治四年（一八七一）九月、東京の麹町区有楽町に置かれた「第一鎮台」からはじまり、以降、第二の仙台、第三の名古屋、大阪、広島、熊本と年内に設置された。明治二十一年（一八八八）に改組され師団となる。のち、二、三の移転を経て、二十三年八月には赤坂離宮内へ。さらに二十四年三月、青山南町一丁目に本拠を定めた。

▽麻布連隊区司令部（赤坂区青山南町一丁目）

明治二十一年（一八八八）五月に開庁。はじめは麻布三河台町の歩兵第一旅団司令部内に置かれ、麻布大隊区司令部と称した。二十八年（一八九五）三月、麻布連隊区司令部と改称し、二十九年八月に青山南町一丁目に移った。徴兵や召集などに関する、兵事事務を担当する本部となる。

麻布連隊区では、東京府下の麹町区、神田区、日本橋区、京橋区、芝区、麻布区、赤坂区、四谷区、牛込区、小石川区のほか、荏原郡、豊多摩郡、西多摩郡、南多摩郡、北多摩郡や、伊豆七島、神奈川県橘樹《たちばな》郡、都築《つづき》郡を管轄下においた。

▽陸軍大学校（赤坂区青山北町一丁目）

明治十六年（一八八三）一月十二日、赤坂の参謀本部敷地内に設置され、四月に開校、十七年二月十八日には、和田倉門近くの大名屋敷跡に移転した。参謀本部が三宅坂に移ると、新校舎が青山北町一丁目の旧篠山藩主青山家の屋敷跡に建設され、二十四年（一八九一）四月に移転した。昭和二十年（一九四五）三月、戦火のなか甲府の常磐ホテルに疎開し、八月に廃止されるまでに六十期生、三千四百八十五人が卒業した。戦後の一時期、青山北町の校舎は青山中学校として使われた。

参謀本部の前身となる参謀局が、兵部省内別局に置かれたのは、明治四年（一八七一）七月のこと。五年二月二十八日（一八七二年四月五日）に、兵部省が陸軍省と海軍省に分割され、陸軍省参謀局となる。明治十一年（一八七八）十二月には、参謀局が陸軍から独立し参謀本部と改称、軍政と軍令が分離した。

▽青山練兵場（赤坂区青山北町）

明治十九年（一八八六）四月、青山北町一丁目から三丁目の北部、青山六軒町、三筋町が、陸軍省用地として買い上げられ、日比谷練兵場に変わる教練場として設置された。

明治三十九年（一九〇六）四月三十日には、征露凱旋陸軍大観兵式が行なわれ、四十二年七月、練兵場が代々木に移転。跡地には、大正元年（一九一二）九月十三日から十五日まで、明治天皇の大喪儀葬場殿が置かれた。のち明治天皇を記念する洋風庭園に整備される。

大正十三年（一九二四）十月二十五日、明治神宮外苑内に明治神宮外苑競技場が完成し、ほかに野球場、相撲場、プールなどが設置された。十五年十月二十二日に、明治天皇の大喪の礼が行なわれた葬場殿跡地に、聖徳記念絵画館が完成、明治神宮外苑の中心的施設となった。また、明治神宮外苑野球場などが完成し、奉献式が行なわれた。

昭和十八年（一九四三）十月二十一日には、明治神宮外苑競技場で文部省学校報国団本部の主催による、出陣学徒壮行会が行なわれ、雨のなか出陣学徒二万五千人が競技場を行進した。戦後、施設はアメリカ軍によって接収され「ナルキニック・スタジアム」として使用された。

昭和三十二年（一九五七）に陸上競技場が取り壊され、翌年には国立霞ヶ丘陸上競技場が完成する。いま、明治神宮外苑には、国立競技場、明治神宮野球場、秩父宮ラグビー場、テニスクラブ、軟式グラウンドなどのスポーツ施設が備わる。

そして平成二十七年（二〇一五）に、旧国立競技場が解体、跡地には新国立競技場が建設中で、令和元年十二月には完成の予定である。

▽軍馬補充部（赤坂区青山南町一丁目）

明治七年（一八七四）三月三十一日に設置された軍馬局が前身となる。二十一年（一八八八）、騎兵局の管下に軍馬育成所が置かれ、軍馬の供給、育成と購買、軍馬資源の調査を管掌した。二十六年（一八九三）五月に軍馬補充署、二十九年五月には、軍馬補充部と改称した。大正十年（一九二一）三月に、陸軍省構内より青山南町一丁目に移転した。

▽青山陸軍射的場（赤坂区青山南町一丁目）

明治時代、日枝神社方面からの赤坂通りは、青山御所左下から南に延びる途中、カギ字の南側で丁字形につながり、行き止まりになっている。一時期、その先には陸軍の射撃演習場があった。

谷戸の地形を利用し、前面と左右に人工的な土塁を設け、さらに、凹地の各所に門を建て、弾丸がそれるのを防いだ。練習があるときには、周囲に危険を知らせるため、赤い旗が掲げられ、練習のないときは、子どもたちの遊び場にもなったという。近隣に住む人々は、親しみを込めて「鉄砲山」と呼んだ。

青山墓地を通り抜けて麻布の三聯隊との間に陸軍の射的場があつて私共は鉄砲山と呼んで居た。高くめぐらされた土手を登つたり辷り下りたりして遊んだ。その鉄砲山の傍の凹みに雨水が溜つて池のやうになつて居て、子供が汚い濁水の中で泳いで居たのを覚えて居る。そして足に蛭が吸ひついて居て、子供達が騒いで居たのも思ひ出される。鉄砲山の土手の中で野球の試合をやつたのを覚えて居る。

（『明治少年懐古』九五頁）

新坂町の乃木邸から青山墓地への道の途中に陸軍射撃場があった。当時は人家もまばらだったので、銃声は乃木邸までつつ抜けに聞こえて、それが神経質な勝典をたびたび驚かせた。

（『乃木と東郷』一六一頁）

明治四十年（一九〇七）九月、東京帝国大学医科大学生の斎藤茂吉は、養父の斎藤紀一が経営する青山脳病院の隣、紀一の自宅に移り住んだ。青山脳病院は、赤坂区青山南町五丁目八一番地にあり、もともとは青山家下屋敷の西側に広がる長者ヶ丸の田畑だった。

大正二年（一九一三）十月、医科大学の助手で付属医院に勤務していた茂吉は、東雲堂書店から第一歌集となる『赤光』を発行した。その17に「青山の鐵砲山」とする八首があった。どの歌も、鉄砲山で遊ぶ子供の心情を描いている。

赤き旗けふはのぼらずどんたくの鐵砲山に小供らが見ゆ　（『斎藤茂吉全集第一巻』一四七頁）

銃丸を土より掘りてよろこべるわらべの側《そば》を行き過《よ》ぎりけり　（一四八頁）

それでは、この青山の射的場は、どのような経緯で造成されたのか。中央乃木会が、平成二年（一九九〇）に発行した『名将　乃木希典』に載っていた。

この射撃訓練に最も必要な射撃演習場が当時は深川越中島に旧式のものが一箇所あるだけであった。歩兵第一聯隊の兵営は赤坂（現在の防衛庁の位置）であるので、兵営からの距離も遠く、おまけに設備は旧式かつ狭小で訓練を大きく阻害していた。このような状態を乃木が黙視する筈がない。彼が赤坂の兵営の近くに実弾射撃場を新設することを当局に意見具申した結果、明治十四年新しい射的場が完成した。

大正の中頃まで現存した青山射的場がそれである。

この射的場の建設には、連隊の全将兵が作業に従事し、工事の進捗を図った。乃木自身も鍬を取り、もっこをかついで協力したと伝えられている。「歩兵第一聯隊歴誌」からもそのあたりの事情が察知される。

「明治十一年八月十九日、爾来青山墓地射的場築造ノ為一日二中隊宛ヲ派遣シ土工業ニ従事セシム

明治十二年十一月五日　青山南町一丁目三番地及同町北町三百六九七番地ヲ歩兵射的場地トシテ買収セラル

明治十三年十一月十九日　青山射堋築造助手ハ鍬兵ノ外一般下士卒ニモ一日一名精米四勺宛増給セラル

明治十四年十二月十五日　去ル十三年来鍬兵一般下士卒ヲ以テ補給築設セシ青山小銃射的場落成」　（四六頁）

年代的に、青山の射的場ができた時期と、乃木が歩兵第一連隊長だった時期が重なる。射的場自体、乃木が意見具申して造られたものだった。

『名将　乃木希典』は、平成二十八年（二〇一六）にPHP研究所が『乃木希典と日露戦争の真実』と改題して新書版で復刊した。「司馬遼太郎の誤りを正す」と副題がつき、司馬遼太郎が『坂の上の雲』で描いた乃木像を修正する内容となる。ただ「歩兵第一聯隊歴誌」の記述は省かれていた。

▽陸軍高等軍法会議

大正十一年（一九二二）四月一日に陸軍軍法会議法が施行され、第一師団司令部の構内に常設、業務を開始した。

▽赤坂憲兵分隊（赤坂区表町四丁目）

警察官と兵士との間に、しばしば争いが起こり、憲兵科が創設された。憲兵は陸軍大臣の管轄で、軍事警察を主として、行政警察、司法警察も掌る。明治十四年（一八八一）九月五日に、東京憲兵第二管区赤坂分屯所が置かれ、のち、東京憲兵第二管区屯所、東京憲兵警察区東京市赤坂表町屯所、東京憲兵第二分隊、東京憲兵隊赤坂憲兵分隊と改称した。

赤坂、青山の周辺には、ほかにも歩兵第一旅団司令部、歩兵第二旅団司令部、近衛師団軍法会議、第一師団軍法会議、陸軍兵器本廠など、陸軍の中枢となる軍事施設が集中し、軍の街として栄え潤った。戦後、青山南町一丁目の師団司令部跡地は、都営住宅と一般住宅地になった。

（2）青山墓地になる

屋敷が墓地に

明治政府は神道の国教化を推し進めた。明治維新後の「廃仏毀釈」を過ぎて、神道での葬祭に制約がなくなり、神葬祭の墓地が必要となった。

明治五年（一八七二）七月十三日、政府は国民一般

の葬地として、青山百人町続きの足シ山（現青山霊園立山墓地）と、渋谷羽根沢村（現渋谷区立羽沢公園）の二ヵ所を神葬墓地に定めた。十一月二十八日には、さらに四ヵ所、旧郡上藩青山家の下屋敷跡（現青山霊園）、雑司ケ谷の御鷹部屋跡（現雑司ケ谷霊園）、上駒込村染井の旧播磨林田藩建部家邸跡（現染井霊園）、深川数矢町の三十三間堂跡（現深川霊園）が追加された。

明治六年八月八日、政府が東京府に布達し、従来江戸庶民が遺骨を埋葬していた、朱引内にある寺院境内での墓地埋葬ができなくなった。七年六月二十二日には、太政官が「墓地取扱規則」を制定。第一則では、朱引外の地に既設の神葬地を含む九ヵ所の墓地を指定し、市民の不安を緩和させた。

第七大区第一小区	渋谷羽根沢神葬祭地
第八大区第一小区	青山百人町続神葬地
第八大区第一小区	青山神葬地
第九大区第一小区	染井神葬地
第九大区第一小区	雑司ヶ谷旭出町
第一〇大区第一小区	谷中天王寺
第一〇大区第四小区	小塚原旧火葬地
第六大区第一小区	深川三十三間堂
第一一大区第三小区	亀井戸出村羅漢寺

亀井戸出村の羅漢寺は、朱引内ながら最寄りに相当の場所がないため設立された。

第二則では、土地の管理を神社から東京会議所に移行、九ヵ所の墓地が会議所の所管となる。東京会議所は七月に墓地開設の事務を引き継ぎ、九月一日から墓地を売り出した。

ところが、わずか一ヵ月半の短い期間で、墓地となる九ヵ所すべてを整地し、埋葬できる状態にはできなかった。まず機能が整った六ヵ所、青山、立山、雑司ヶ谷、染井、亀井戸、谷中の墓地を開設、売り出すことになった。

明治七年（一八七四）十一月、旧千住火葬所の小塚原旧火葬地が取り消され、十一月十四日には、新たに二ヵ所、第七大区第二小区にある南品川宿の海晏寺と、第一〇大区第三小区にある橋場町（浅草区）の総泉寺が追加指定された。

明治九年五月、東京会議所が廃止となり、事務全般が東京府に移ると、墓地の管理は各墓地が所在する区務所（のちの区役所）にて扱うことになった。二十二年（一八八九）五月一日、市制町村制が施行され、区務所管理の墓地が東京市の所管となり、東京府営墓地が東京市営墓地となった。

明治二十二年五月二十日には、都市計画上、都心部の墓地を整理する方針が打ち出された。青山（赤坂区青山南町）、渋谷（南豊島郡渋谷村）、雑司が谷（北豊島郡高田村）、染井（北豊島郡染井村）、谷中（下谷区谷中村）、亀戸（南葛飾郡大島村）の六墓地が、市区改正新設計共葬墓地に指定され、市内に散在するほかの墓地は、由緒あるもの以外、移転させられた。のち、東京市内に散在する小規模な墓地整理の方針が打ち出され、深川、亀井戸、渋谷、橋場の墓地は整理廃止となった。

墓地から霊園へ

明治中期になると、東京の人口が加速度的に激増し、墓地の周辺が市街化された。中心部に近い青山墓地や谷中墓地などは、市街地に囲まれることになった。

明治四十四年（一九一一）五月三日、青山墓地の移転に関する建議が東京市会に提出され、結果、市会は建議を全会一致で可決。提案理由は次のようなものだった。

現在ハ人家稠密ニシテ、純然タル商業地域ナリ。従ツテ衛生上・経済上・体面上、其他何レノ方面ヨリ見ルモ都会ノ斯ル中心ニ墓地ヲ介在セシムルコトハ有害無用ノ事ニ属ス

欧米諸国ニ於テモ繁華ナル都会ニ、生ケル人ト死セル人トヲ雑居セシムルコトハ、都市政策上之ヲ許サズ、多クハ墓地ヲ市外ニ設ケテ保健衛生上ノ実ヲ挙ゲツツアリ

しかし、主に財政的な理由から移転はされなかった。そののちも移転を要求する市民の声が根強いなか、大正八年（一九一九）に都市計画法が公布。青山墓地などが都市計画墓地に指定された。

六月には東京市墓地並施設設計が策定され、イメージアップとなる「公園墓地」構想が打ち出された。旧来の墓地のイメージを改め、市民に愛される墓地を目指した。青山墓地などの整備が進むなか、需要も増大する反面、既存の四つの公営墓地は、いずれも満杯になっていた。

計画は、そのまま新墓地計画に生かされなかったが、大正九年十二月、後藤新平が東京市長に着任し、市営墓地の新設が積極的に進められた。

大正十二年（一九二三）四月一日に、北多摩郡多磨村周辺に多磨墓地が、昭和十年（一九三五）七月一日には、千葉県東葛飾郡八柱村に八柱霊園が新規に開設された。八柱霊園の開設後の七月、市営墓地の名称「墓地」がすべて「霊園」と改められた。昭和二十三年（一九四八）には北多摩郡小平町周辺に小平霊園が開設された。

昭和三十二年（一九五七）十二月二十一日、青山霊園の大半が都市計画法により公園に指定。三十五年八月一日以降、東京都は青山霊園での新規の墓地貸付けを廃止した。

青山霊園の真ん中にある青山墓地中央交差点。正面が外苑方面、手前が西麻布、広尾方面で、右は乃木坂トンネル、左は根津美術館となる。(F)

（3）路面電車の延伸と廃止

三つの電車会社から

東京の街を縦横無尽に走り、市民の足となった路面電車のはじまりは、それぞれに発足した三つの電車会社だった。

明治三十六年（一九〇三）八月二十二日に東京電車鉄道会社が、芝口（芝口一丁目）から薩摩原（三田）を通って八ッ山までを開業。九月十五日には東京市街鉄道会社が、数寄屋橋から日比谷（日比谷公園）、大手町を通って神田橋までを開業。そして三十七年十二月八日に東京電気鉄道会社が、土橋から数寄屋橋、呉服橋、神田橋、小川町を通って御茶ノ水までを開業させた。三電車会社は営業を開始すると、それぞれが路線を拡張、しのぎをけずり競合しあった。

明治三十九年（一九〇六）三月二日、三つの電車会社が合同で三銭から五銭へと、電車賃の値上げを出願したが、利用する市民にとっては、たまったものでない。出願した直後から、社会主義運動家を中心に反対運動が盛んに起こった。三月十五日に日比谷公園で催された一千人規模の反対集会では、散会後の示威行動が騒擾事件に発展し逮捕者が出た。結果、値上げは却下された。

そこで三つの電車会社は、合併による経営合理化を条件に、ふたたび値上げを申請。すると東京府知事は合併を認可、内務大臣が四銭への値上げを指示した。明治三十九年九月十一日、三つの電車会社は合併、「東京鉄道会社」となり、四銭へ値上げされた。

三会社の合併から五年後、明治四十四年（一九一一）八月一日には、東京市が東京鉄道会社を買収、市街電車を統括する電気局が開設され「市電」と呼ばれるようになった。そして昭和十八年（一九四三）七月一日には、都制の施行に伴い東京都交通局となり「市電」から「都電」へと呼び名が変わった。

新坂町の乃木邸に近いところで、電車の延伸状況を振り返ってみる。

明治三十七年（一九〇四）九月六日、東京市街鉄道会社が内濠の三宅坂から赤坂御所、青山練兵場の南側に沿って、現外苑西通りと交差する手前の青山四丁目までを開通。途中には赤坂見附上、赤坂見附外、一ツ木町、区役所前、御所前、青山三丁目の六つの停留場ができた。

明治三十九年三月三日には、三社合併前の東京電気鉄道会社が、信濃町から青山墓地の東側に沿って霞町、広尾から天現寺橋まで、全線が専用軌道で敷設された。途中に蛇ヶ池、三聯隊裏、青山墓地下、霞町、笄町、赤十字病院下、広尾橋の七つの停留場ができた。

そして、明治四十五年（一九一二）六月七日、東京市電気局が六本木と青山一丁目の間を開通させた。それまで開通していた御成門から六本木より先の延長線で、乃木邸の前を通る。線路は乃木邸と丁字交差点の間のカギ字を通らなくてもすむように、直進の新しい道に敷かれた。六本木と青山一丁目の間には、丁字交差点の南側に一聯隊前、北側に新坂町の、二つの停留場ができた。

2　乃木坂周辺の変遷

第二次世界大戦の戦後復興から高度成長期を迎え、やがて、モータリゼーションの波が東京の街を襲った。乃木坂の周辺を走る東京都電のうち、三宅坂から青山一丁目（旧御所前）までが、昭和三十八年（一九六三）十月一日に廃止となる。また、四十三年（一九六八）九月二十九日には、北青山一丁目（旧青山一丁目）から渋谷までが廃止となった。

さらに昭和四十四年（一九六九）十月二十六日、乃木邸前を走っていた青山一丁目から浜松町一丁目までが廃止になる。併せて青山霊園の東側に沿って走っていた四谷三丁目から泉岳寺前までが廃止になり、旧乃木邸周辺を走る路面電車の時代が終わった。

大将らしかった

東京市電の六本木線は、青山一丁目から、乃木邸の前を通って六本木、御成門へと走り、そのうち青山一丁目と六本木の間には、新坂町（のち乃木坂）と一聯隊前の二つの停留場があるだけだと思っていた。しかし、昭和七年（一九三二）、十二年、十六年、二十二年の地図では、青山一丁目と乃木坂の間に、もう一つ

『日本鉄道旅行地図帳〈東京〉』を見ると「新坂町」は、大正十三年（一九二四）十二月一日に開設され、昭和十九年（一九四四）十月五日に廃止となっている。二十年ばかりの営業だ。ならば、年代的に「乃木坂」に改称される前の「新坂町」や、戦後に改称された「新坂町」とは合致しなかったのか。停留場名の変遷をみてみる。

◇明治四十五年（一九一二）六月七日　六本木から青山一丁目までが開通。途中に一聯隊前と「新坂町」が開設する。

◇大正二年（一九一三）頃　「新坂町」が「乃木坂」に改称する。

◇大正十三年（一九二四）十二月一日　青山一丁目と「乃木坂」の間に「新坂町」が開設する。

◇昭和十九年（一九四四）十月五日　大正十三年に開設した「新坂町」が廃止となる。「乃木坂」が「乃木神社前」に改称する。

◇戦時中　空襲の被害により、飯倉一丁目から青山一丁目までが運転休止となる。

◇昭和二十二年（一九四七）九月一日運転再開する。「乃木神社前」が「新坂町」に改称され、開通時の名称に戻る。

◇四十二年（一九六七）三月一日　「新坂町」が「赤坂八丁目」に改称する。

◇四十四年（一九六九）十月二十六日　青山一丁目から浜松町一丁目までが廃止となる。

「新坂町」の名称は三回登場したが、重複することはなかった。

新坂町にある乃木邸の前を通る電車線路が開通したのは、明治四十五年（一九一二）六月七日だった。その五十三日後の七月三十日に明治天皇が崩御し、即日に大正と改元。そして、開通九十八日後の大正元年九月十三日、明治天皇御大葬の日に乃木と妻静子は自刃した。自邸前を走る電車と乃木のかかわりは、三ヵ月少しと非常に短かった。

それでは、邸宅の門前に電車が開通し「新坂町」停

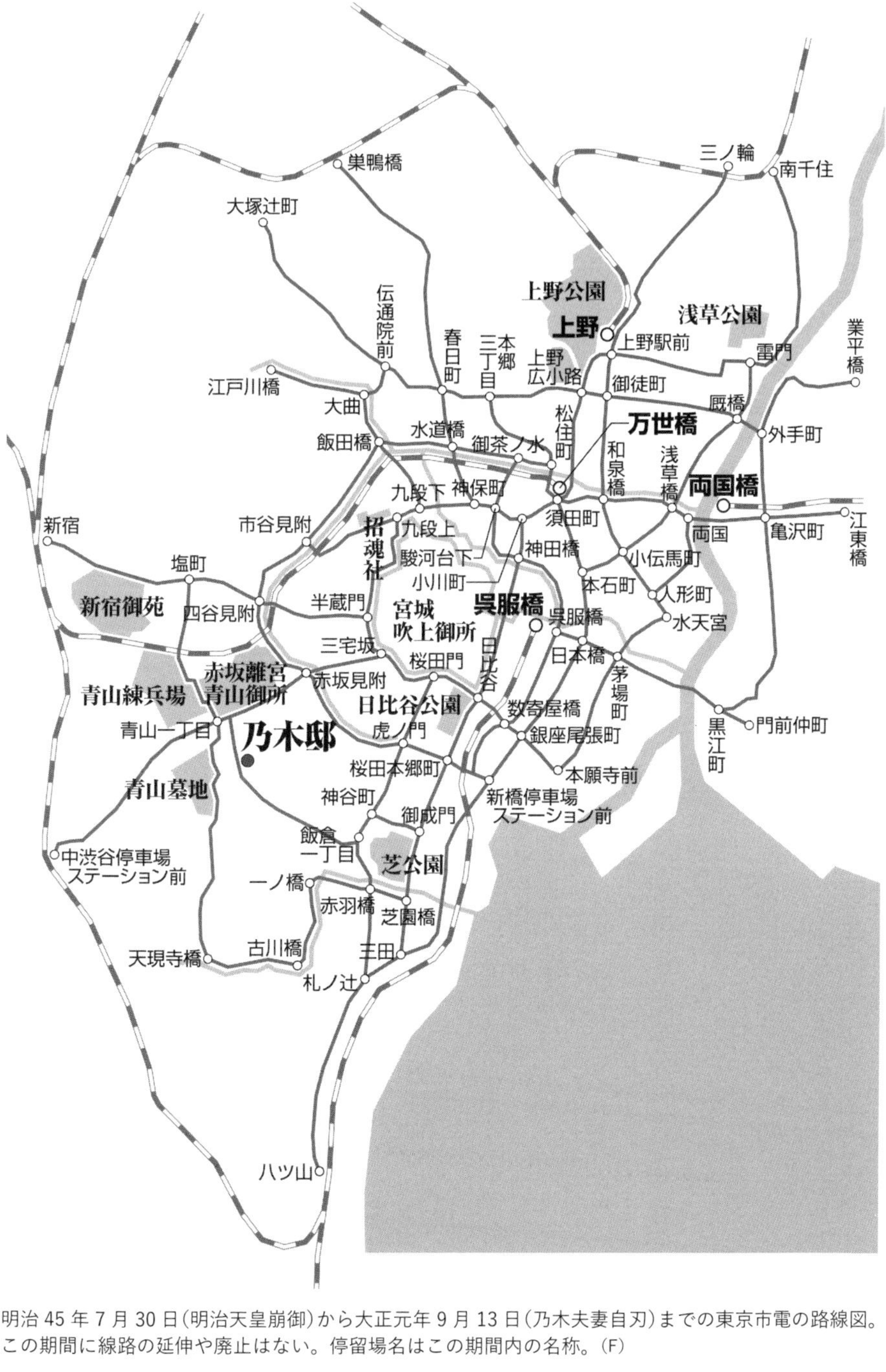

明治 45 年 7 月 30 日（明治天皇崩御）から大正元年 9 月 13 日（乃木夫妻自刃）までの東京市電の路線図。この期間に線路の延伸や廃止はない。停留場名はこの期間内の名称。（F）

留場ができてから、明治天皇の崩御、そして死を意識するまでの間、乃木は家の前を通る電車に何を思ったか。はたして乃木は電車に乗ったのか。

乃木本人と、乃木邸前に開設された電車の関係を示す逸話を『明治・大正・昭和　記者生活二十年の記録』に見つけた。

またある時、電車で一緒になつたことがある、大将は電車の吊革にぶら下つて居られた。青山一丁目で下車されるので、私もお辞儀をして電車の上から見て居ると、青山御所におはいりになつた、即ち当時の東宮御所で、大将はそこへ御機嫌奉伺に行かれるのであつた、青山御所と大将邸は近いのであるが、電車で来られた場合は、学習院か或は他からの場合であつたらう、電車で御所へゆかれるところなど、大将らしかつた。（一五四頁）

乃木が電車に乗り、車内では他の利用客と同様に吊革にぶら下っている。『東京日日新聞』の記者でもある著者の小野賢一郎は、それを「大将らしかつた」と結んだ。

ジャーナリストの小野は、のちに東京日日新聞の社会部部長を務めた。俳人で、陶芸研究家、作家活動のかたわら谷崎潤一郎の遊び相手でもあった。俳句の世界では小野蕪子の名で活動した。

小野が電車内で乃木を見かけたのは、明治天皇が亡くなる前か、亡くなったあとか。どこから乗ったのかは分からないが、青山一丁目で降りている。倹約家といわれる乃木だが、もしかして何気にふと自邸前の新坂町から、一停留場だけ乗ったのかもしれない。

（4）射的場と線路

射的場落成

明治七年（一八七四）九月一日、江戸時代の郡上藩青山家下屋敷（青山大膳の屋敷）跡地に公共墓地が造成、売り出された。のち青山墓地の東辺と赤坂御所から南に延びるカギ字道との間の、南青山一丁目に射的場が整備された。明治三十九年（一九〇六）には、墓地と射的場の間に沿って電車線路が開通し、射的場がなくなると電車線路が移設、真っすぐ延びるようになった。そして、昭和四十四年（一九六九）に電車線路が廃止となった。射的場と電車線路の関係を、少しばかり紐解いてみる。

問題は、射的場の設置と廃止がいつで、射的場の廃止に合わせて、青山一丁目から霞町に抜ける電車線路の移設が、いつ行なわれたかである。

答えを導く前に、二つの資料を紹介する。

> 青山の墓地のうちを今度二萬千八百二十坪ばかりを陸軍省の仮射的場に貸渡しになるといふ。
>
> （『読売新聞』明治十一年（一八七八）六月一日付）

> 青山一丁目から青山葬儀場のまえをとおって霞町にぬける現在の道路ができたのはごく新しい。ほぼこの道路の線上を電車の線路が走っていたが、墓地の東側をぬける線路ぞいの道路はなかった。当時、電車の線路は青山一丁目から霞町まで、谷間を路外軌道として通っていた。戦後もずいぶん長いあいだ、青山一丁目から霞町に車で行くには青山墓地のなかをとおらなければならなかった。
>
> （『凩の時』八三頁）

まず第一の疑問、射的場がいつ造成されたのかは「陸軍省日誌明治十四年第四十号」の十二月十二日付「工兵第一方面本署伺」の第二条にあった。

> 戸山学校内射的場ハ諸隊兼用トモ不被存候間該校ニ於テ管理致可然哉且又青山新設射的場モ落成ノ上ハ東京鎮台ヘ引渡当署ニ於テ管理不及候哉　（『近代史史料　陸軍省日誌　第八巻』四七一頁）

これは先にも紹介した『名将　乃木希典』にあった「歩兵第一聯隊歴誌」の「明治十四年十二月十五日去ル十三年来鍬兵一般下士卒ヲ以テ補給築設セシ青山小銃射的場落成」（四六頁）と一致する。

さらに「陸軍省日誌明治十五年第一二号」の四月二十日付「東京鎮台伺」にあった。

過般青山射的場築工落成ニ付本台ニ於テ使用可致旨御達ニ依リ則本月ヨリ演習相始メ候（略）

（『近代史史料　陸軍省日誌　第九巻』一〇八頁）

東京オリンピック

射的場は、明治十四年（一八八一）に落成し、翌十五年四月に、演習が開始されたことが分かった。ならばその後、射的場はいつまで使われ、陸軍はいつまで所有していたのだろうか。

具体的な時期は分からなかったが、ヒントになりそうな新聞記事が二つ見つかった。ほかの二つの記事と合わせて開いてみる。大正十年（一九二一）五月二十九日付の『東京朝日新聞』が、「青山射場払下市営住宅建設」の見出しで伝えていた。

東京市青山墓地に隣接せる陸軍射的場は予てより住宅地として各方面に於て目星を注けゐたるが其後赤坂区より直接に陸軍省に交渉を為したる所陸軍省は相当価格にて払下を為す意向なりとの事に就き目下市と区と何れに直接払下を受けるや尚払下価格等に就て調査考究中なり右射的場は二萬三千坪相当の土工費を支出するに於ては道路衛生設備に要する約二割を控除するも五十坪の家屋三百六七十戸を建設するを得るを以て市社会局は之に市営住宅を建設す可く目論見中なりと。

もう一つ、大正十年六月十一日付『読売新聞』五面には「与論に動かされた陸軍省が陸軍用地を解放　手始めが青山射的場二万坪　市で百万円で買受ける」とある。

東京市は住宅払底策として、陸軍当局に陸軍用地の解放を迫った。陸軍は与論の声に動かされ、まずは赤坂区の青山射的場を市に売り渡した。記事は「多年少しの譲歩もしなかつた陸軍が、その用地を市民に解放する傾向は喜ぶべき現象である」と締めている。

そして関東大震災後、ともに『東京朝日新聞』の記事となる。

赤坂　射的場の払下げ　区では青山射的場を陸軍省より払下げて一般住宅地となすべく多年運動し陸軍省より其の内諾を得たが起財が出来なかつた為め市へ依頼して払下げをなすこと、なつた矢先き震火に見舞はれ市でも到底之に応ずることが不可能なので其後は其儘となり今日に及んだがこれは多年区民が要望してゐた問題であり区としても此儘放置する訳にゆかず近くその善後策を講ずる筈。（大正十四年一月十七日付）

赤坂　射的場問題　青山射的場の払下問題は数年前、区でしきりと奔走して払下げの運動をなし漸く市より融通を受けて払下げをなさんと話が進んだ際震災に見舞はれ市ではその財源に乏しい関係から区へ融通するに至らずそのまゝとなつて今日に及び目下の状態では、果して何時払下げが実現するものか全く判らなくなつて了つた、従つて払下後これを開放して模範的の住宅地となさんとした計画も一寸行詰りとなつた訳である。（同年三月七日付）

いつの間にか演習は終わり、陸軍は射撃場の土地を手放し、東京市なり赤坂区への払い下げの話になっていた。ただ、関東大震災後の混乱から赤坂区が財政難となり、明確な記述はない。さらに、以降の新聞記事には払い下げに関する記事は見当たらなかった。

のちの記事では「青山射撃場跡」と記述されるようになった。一つの例として、昭和十五年に予定された東京オリンピック関連の記事を挙げてみる。

オリンピックに向けて、競技場の選定方法が組織委員会小委員会で論じられた。昭和十二年（一九三七）二月十五日に開かれた第三次会合のなかで、競技会場の成案が得られ、次回、組織委員会に回付されるという段階である。二月十六日付の『東京朝日新聞』の記事にあった。

この成案は予算額一千万円に基準を置いて規模を縮小せるもので主競技場は神宮競技場改造拡張に還元し球技場は青山射的場跡に新設、プールは神宮プールの改造拡張と芝プールの改造二案を掲げ代用競技場は陸軍戸山学校一高跡に建設される東大競技場を挙げ芝浦埋立地に自転車競技場の建設を決定したもので　この他お茶の水に建設される岸体育館の設計を拡大して室内体育館に充て野外劇場はオリムピツク村付近を予定するものである。

昭和十五年の「第十二回　夏季オリンピック競技大会（東京オリンピック）」は、紀元二千六百年記念事業として準備が進められた。しかし、支那事変などの影響から、十三年七月十五日に、日本政府は閣議で開催権を返上し、幻のオリンピックとなった。

もし、軍事衝突がなくオリンピックが開催されていたら、のちに明治神宮外苑となる青山練兵場から射的場にかけての様相は、まるっきり違っていたかもしれない。

青山墓地の東側

次に、青山一丁目から霞町までの電車線路の変遷をみてみる。

射的場の角をぬうように走っていた線路が、真っすぐ延びるようになった時期が分かれば、先の射的場の廃止時期との関連が明らかになるかもしれない。二つの資料があった。

昭和十五年（一九四〇）十二月発行の『電気局三十年史』「第三章　電気軌道事業」のなか「（一）開通路線」の「（イ）営業線」に「（甲）新線開通並線路異動」があった。

移動年月日を昭和一五年（一九四〇）一月一六日として、区間は「青山一丁目分岐―三連隊裏間」、距離は複線「減〇・一〇一粁」、軌道延長「減〇・二〇二粁」。備考には「都市計画新街路上ニ切替ノ為ノ減」とあった。（一九四頁）

それまでの専用軌道から街路上への切り替えという

ことだろう。

そしてもう一つの資料は、『東京市昭和十五年事務報告書』となるが、奥付がなく発行年月日が分からない。一頁に、東京市長大久保留次郎の名で「市制第百三十三條ニ依リ本市昭和十五年事務報告書提出候也」とあり、昭和十六年一月二十五日の日付が付されていた。それ以降、十六年中の初期に発行されたものだと思われる。

「第十一　電気局」のなか「二　電線路工事（竣功）」に「（一）受託工事」があった。

工事名を「青山南町二丁目―新龍土町八丁目間一部電線路仮移転」として、数量を「一・四三二粁」、工事費概算額（除技工給）として「四、二〇九円三七」、竣功月日は「一二月三一日」としていた。（二五六頁）

さらに、青山一丁目と三連隊裏の間では、三回にわたり工事が行なわれていた。

（一）第二第三工区地中線新設として数量を「〇・四五九粁」、工事費概算額（除技工給）として「三、一九六円〇二」、竣功月日は「三月三一日」。

（二）第三工区帰線設備新設及撤去として数量を「〇・六二二粁」、工事費概算額（除技工給）として「一、三二八円〇八」、竣功月日は「三月五日」。

（三）電線路移転として数量を「〇・六八〇粁」、工事費概算額（除技工給）として「三、三五四円〇六」、竣功月日は「三月三一日」とあった。

『東京市昭和十五年事務報告書』の四つの工事はともに、工事委託先を東京市土木局としていた。

『電気局三十年史』と『東京市昭和十五年事務報告書』から、五つの工事記録は見つかったが、工事の目的などの記述がなく地図もなく、具体的な確証には至っていない。

五つの工事は、いずれも昭和十五年（一九四〇）に行なわれている。『電気局三十年史』の工事では一月十六日に移動させ、『東京市昭和十五年事務報告書』

のうち、一つは十二月三十一日に竣功し、あとの三つはそれぞれ三月三一十日、三月五日、三月三十一日に竣功したとなっている。

工事期間の幅が一月から十二月までと、非常に長い。もしくは十五年度の、十二月から三月までの間かもしれない。どちらにしても開通はあけて十六年ということになろう。

昭和初期、青山１丁目から霞町へ向けて、青山霊園の東側を走っている。(『増補 写された港区３（麻布地区編)』175 頁)

3　乃木坂周辺の地図から

（１）江戸時代の地図

三枚の切絵図

江戸時代の地図を大きく分けると、切絵図と大絵図の二種類となる。

大絵図は縮尺が小さく、広い範囲が示されて江戸全体がカバーできるが、主要な名称しか載せることができない。紙片が一メートル以上となり、折り畳むのにもひと苦労だろう。

それに対して切絵図は縮尺が大きくなり、範囲が狭く市街や近郊地域で区切られ、詳細まで載せることができる。紙片は五〇センチほどで、折り畳めば楽に持ち運べる。

それぞれに一長一短はあるものの、どちらかというと切絵図の方が馴染みやすい。切絵図は見やすく情報量も多く、その便利さから、江戸時代から明治時代にかけて、多くの種類がつくられて流布された。大名屋敷や社寺、町名などの名称が、ときに絵入りで描かれる。江戸時代の手軽な「住宅地図」といえるのかもしれない。

また、切絵図は版元が違っても、共通した記号や色分けで、ほとんど一枚一枚に凡例がついている。大名屋敷は大名の名に加え、上屋敷には家紋、中屋敷には■印、下屋敷には●印が付されている。神社仏閣、道路・橋・坂（名称は頭が坂上）、町家、川・池、山林、土手、馬場、植溜などの色分けが説明されている。

大絵図と切絵図から、乃木坂陸橋交差点の周辺を俯瞰してみる。

広い範囲の大絵図から、乃木坂辺りを探すとき、まず手がかりとなるのは、江戸城から南西にある溜池、その左下に紀伊殿（紀伊和歌山藩徳川家）の広い上屋敷があること。さらに、屋敷の左下から南に道が延び、途中でカギ字に曲がっていること。いちど右に折れ、すぐ左に折れている一本の道。また、日枝神社からの道は、そのまま真っすぐ紀伊殿から南に延びる道のカギ字の下で、丁字の形につながり行き止まり。意外と早く見つけることができる。

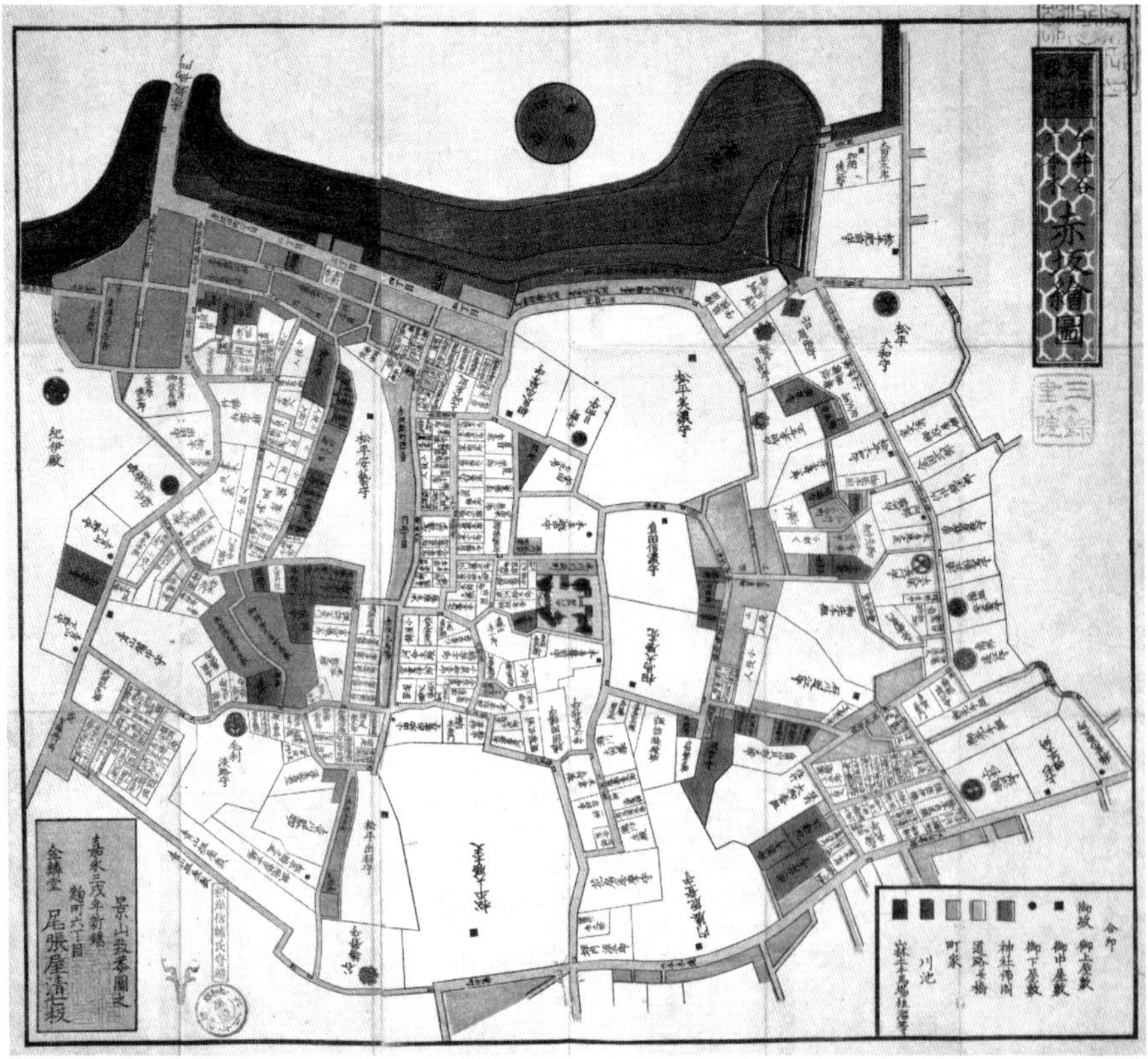

「江戸切絵図　今井谷 六本木 赤坂絵図」嘉永３年（国立国会図書館ウェブサイトより転載）

切絵図は、江戸の町を三十以上の地域に分けている。紀伊殿から延びるカギ字道に、日枝神社からの道が直交する交差点周辺が描かれる切絵図を探してみる。

おおまかに、丁字交差点から溜池を含む東側の「今井谷 六本木 赤坂絵図」、青山家の広い屋敷が中心となる、丁字交差点西側の「東都青山絵図」、また、古川から笄川に囲まれる、丁字交差点南側の「東都麻布之絵図」の三枚となる。

三枚の切絵図を合わせて、乃木坂周辺を浮き彫りにしてみる。

紀伊殿の左下から南にカギ字までの通り沿いには、青山大膳亮下屋敷や青山組屋敷があり、カギ字を中心とした西側には青山大膳亮（郡上藩青山家）の下屋敷が広がる。明治時代になって、旧屋敷地に青山墓地ができる。

さらに、カギ字を含む青山の屋敷の南に八幡宮、教運寺があり、鍋島熊次郎（肥

3　乃木坂周辺の地図から

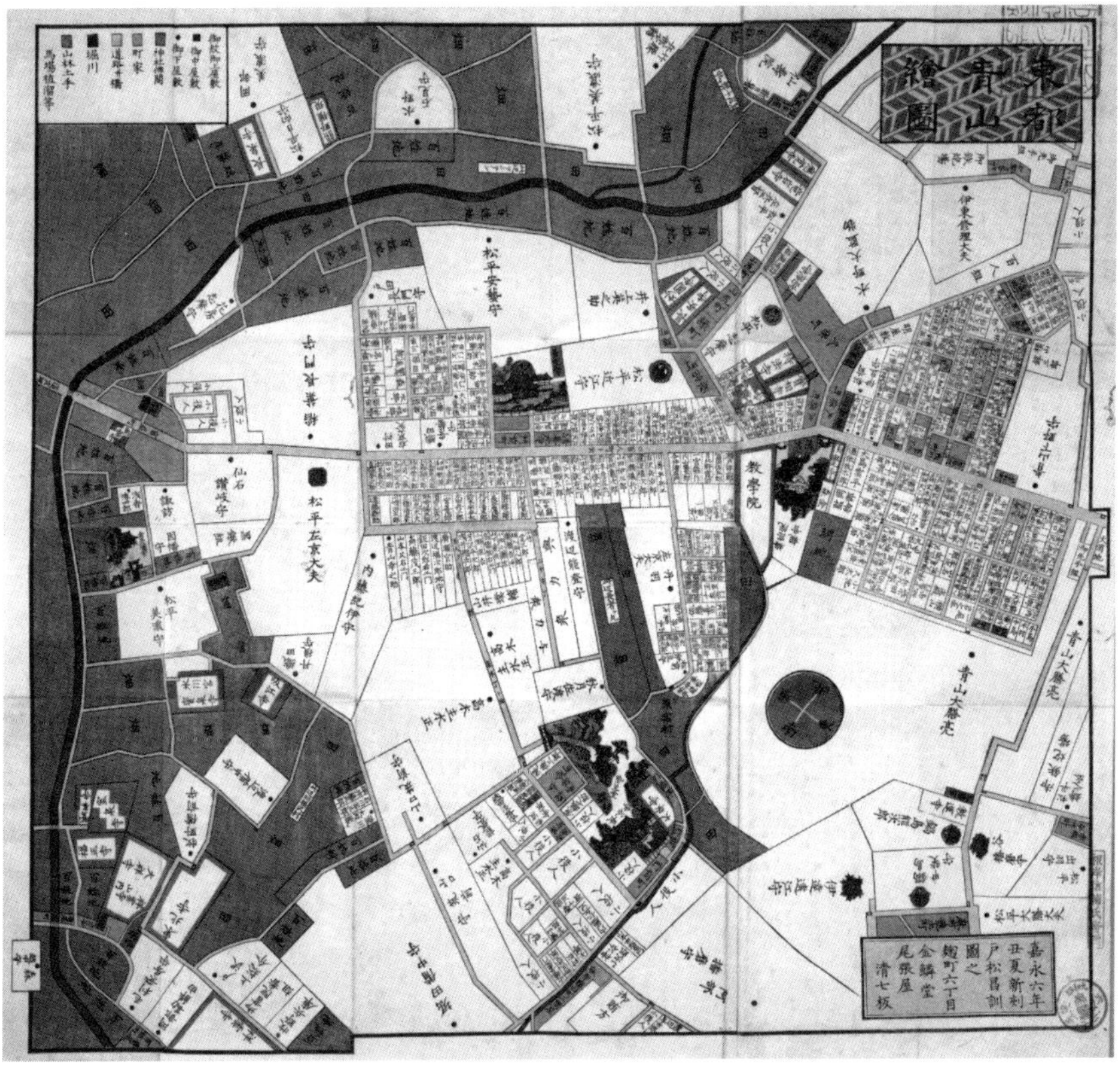

「江戸切絵図　東都青山絵図」嘉永６年（国立国会図書館ウェブサイトより転載）

前鹿島藩鍋島家）、鍋島甲斐守（肥前蓮池藩鍋島家）の上屋敷へと続く。二つの屋敷の奥には、伊達遠江守（伊予宇和島藩伊達家）の上屋敷が広がり、その南側は麻布龍土町となる。伊達遠江守の屋敷は、のちに歩兵第三連隊の兵営から国立新美術館となる。

　丁字交差点の南側の通りに目を移すと、南角に谷播磨守（丹波山家藩谷家）の上屋敷、松平大膳大夫（長門萩・長州藩毛利家）の広い下屋敷。さらに坪内源五郎の屋敷から、内藤能登守（日向延岡藩内藤家）の下屋敷が見える。

　奥にある不動院や氷川神社はいまも残る。松平大膳大夫の屋敷は、のちの歩兵第一連隊の兵営から防衛庁本庁となり、いまはミッドタウンガーデン、檜町公園、東京ミッドタウンとなる。また、内藤能登守の屋敷のなかに六本木交差点ができる。

　丁字の交差点から東、日枝神社に向かう通りをみると、左側角の青山組屋敷から、

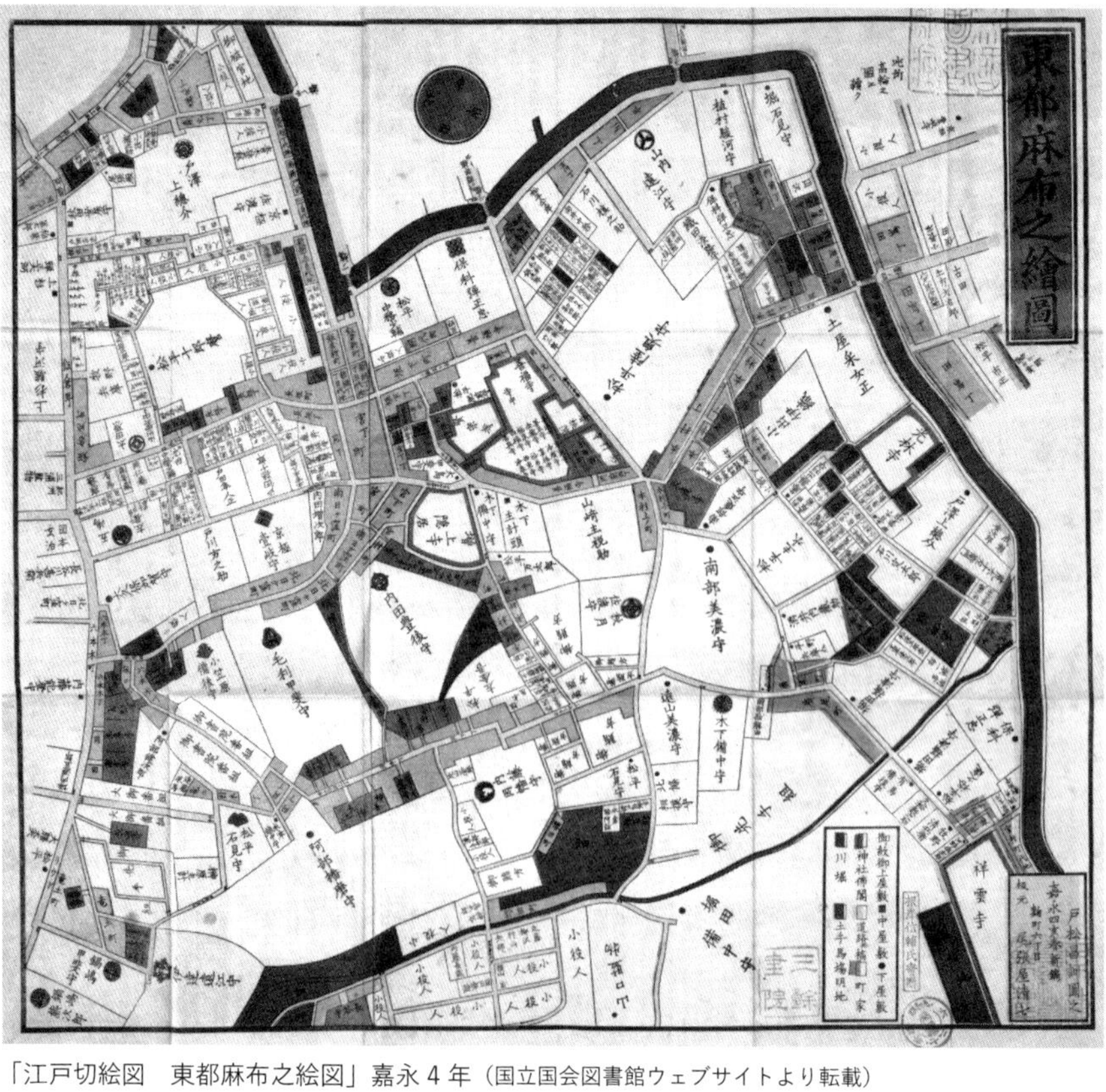

「江戸切絵図　東都麻布之絵図」嘉永４年（国立国会図書館ウェブサイトより転載）

鉄炮稽古場、松平鋳之丞、吉川監物の屋敷へと続く。右側角の谷播磨守の屋敷の先で、右に分岐する路地がある。二本の道はそのまま並行し、道の間に妙福寺と赤坂今井町がはさまれる。路地の南側には、松平出羽守（出雲松江藩松平家）の中屋敷があり、屋敷の先で二本の道は合流し同時に左右に分かれる。

正面は現在の赤坂小学校で、右側に進むと左側に赤坂元馬場が延び、その左側、三分坂の奥にある報土寺、専福寺、道教寺、種徳寺などはいまも残る。赤坂元馬場の先、同じ並びには赤坂新町五丁目、四丁目と続き、その左側が広く松平安芸守（安芸広島藩浅野家）の中屋敷となる。のちに、近衛歩兵第三連隊の兵営から、現在のＴＢＳ放送センター、赤坂Ｂｉｚタワーを含む赤坂サカス一体となる。さらにその先、溜池をはさんだ突き当たりが日枝神社となる。

ちなみに青山組屋敷（青山百人町）は、四組ある鉄砲隊の一つ、二五騎組（青山百人組）を構成する青山配下の与力、同心百人に与えて住まわせた屋敷のこと。鉄砲隊は幕府が組織し、江戸城などの警護にあたらせ、他に根来《ねごろ》組、甲賀組、伊賀組があった。鉄炮稽古場は鉄砲組の稽古場となる。

二枚の大絵図

平成二十二年（二〇一〇）に、港区立港郷土資料館で特別展「江戸図の世界」が催されたときの図説『江戸図の世界』がある。大絵図や切絵図など百十九点が紹介され、なかには日枝神社方面からの道が突き当たる、カギ字道が確認できる絵図もあった。

図説には、現存する最大級の手書絵図とされる、安永八年（一七七九）頃の「安永手書江戸大絵図　乾、坤」が付録でついている。縮尺約二七〇〇分の一の巨大な絵図で、御府内周辺の「乾」九枚をつなげると、南北五・五五メートル、東西三・九三メートルになる。また、隅田川以東の「坤」六枚をつなげると、南北三・七八メートル、東西二・五二メートルになるという。付録の大絵図は、原図から二〇パーセント縮小されていた。それでもかなり大きい。

乃木坂周辺に目をこらしてみると、紀伊殿（紀伊和歌山藩徳川家）の上屋敷から、南に延びる道の途中に

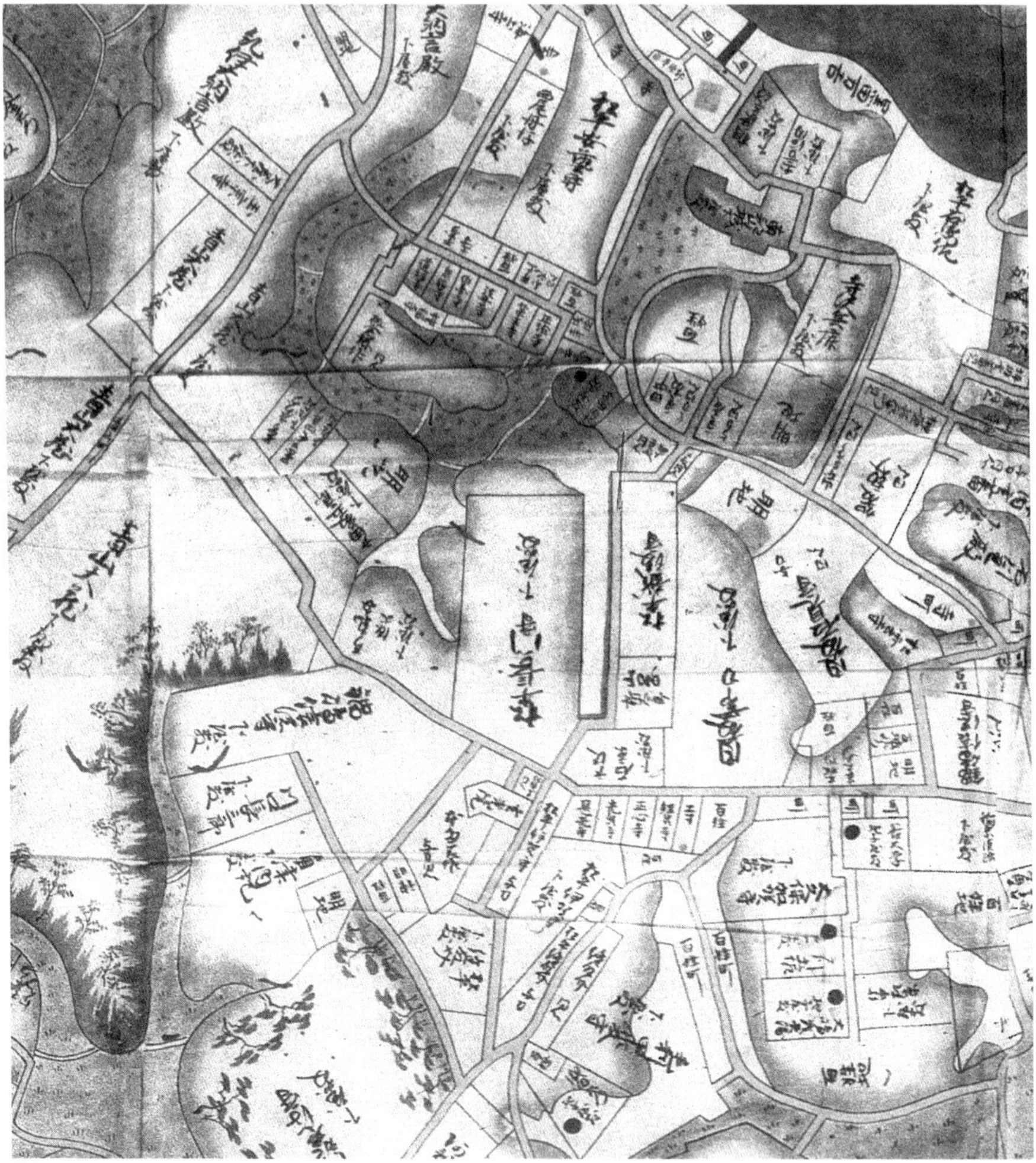

「寛永江戸全図（部分）」寛永 19 年頃

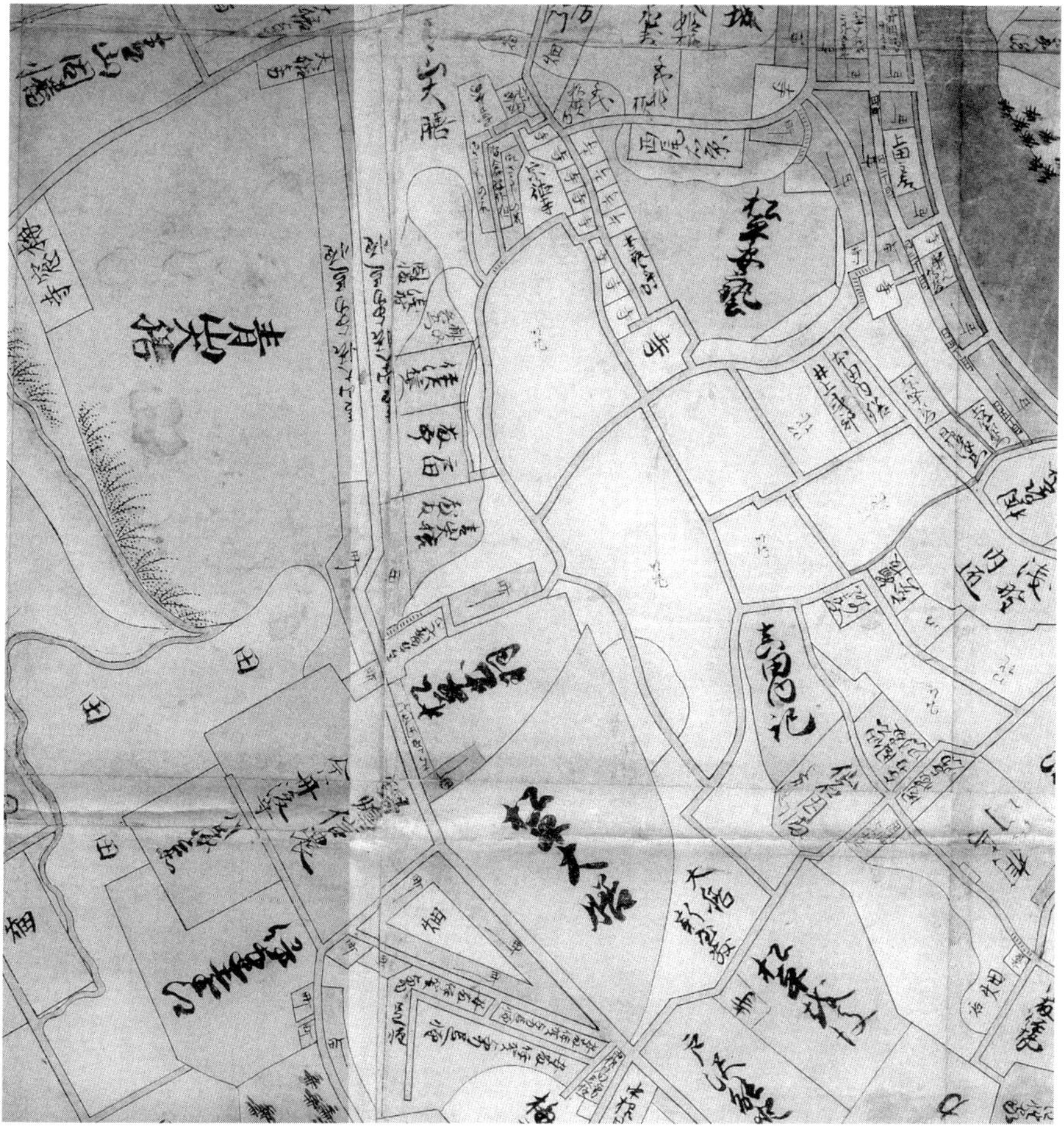

「明暦江戸大絵図（枚葉版）（部分）」明暦 3 年頃

はカギ字がついている。西側は青山大膳亮の下屋敷が広く占め、カギ字の南に東側からの道がつながる。南側の角は谷播磨守、その南に松平大膳□中屋敷があり、北側の角は、ちょうど九分割の切れ目に辺り読み取れず、東隣が松平□□、吉川監物と続く。

ここで江戸時代の初期に作られた、二枚の大絵図を紹介する。一枚は「寛永江戸全図」で、もう一枚は「明暦江戸大絵図」となる。

「寛永江戸全図」は、現存する実測地図としては、最古の手描き彩色図といわれ、寛永十九年（一六四二）から二十年にかけて幕府が命じた「空き屋敷や地子屋敷などの取り調べ」の結果が描き込まれている。徳川三代将軍、家光の時代の地図となる。

地図をみると江戸城があり、外濠が描かれている。紀伊大納言殿下屋敷の左端から道が南下し、両側は青山大膳下屋敷となっている。途中でカギ字に曲がり、通りの東側は、のちに谷大膳亮の屋敷となる□□□□□下屋敷から、松平長門守下屋敷と続く。

ところが、カギ字のすぐ南から東に延びる道がない。青山大膳下屋敷と□□□□□下屋敷の間に、あるはずの膝折坂となる道がないのだ。まだ造成されていないのか、それとも書きもらしか、はたまた省略されているのか。

実は、寛永十九年頃に作られた「寛永江戸全図」に道がないと、大変なことになる。

徳川家康が江戸に入ってまもなくの天正十八年（一五九〇）、家康は仕えていた青山忠成に、馬が走った広い範囲の土地を与えた。青山の馬は最後、坂の途中で膝を折り、以降、坂は膝折坂といわれるようになった。「寛永江戸全図」ができる五十年以上前の逸話なのに、膝折坂、いわゆる乃木坂がないことになってしまうのだ。

もう一枚の「明暦江戸大絵図」は明暦三年（一六五七）一月に起きた、丁酉の火事とも振袖火事ともいわれる、明暦の大火直後の江戸の姿が反映されている。明暦の大火は、時間差で発生した三件の火事の総称で、江戸城など江戸の大半を焼き尽くし、死者は三万から十万といわれている。

地図をみると、紀伊様の屋敷左端から南に道が延び、町家の途中でカギ字に曲がっている。町家の南側で、東の方から丁字につながる道があり、つながる手前には坂道を示す記号がつく。丁字の南、通りの東側は松平出羽と松平大膳の屋敷が続く。

「寛永江戸全図」になかった、溜池方面から丁字の形につながる道があるが、この道もカギ字に曲がっていた。途中で右に折れ、さらに左に折れてから、丁字につながっている。こともあろうに、紀伊様の屋敷から南に延びる道同様、溜池、松平安芸の屋敷方面から丁字につながる道（のちの赤坂通り）も、途中でカギ字に曲がっていたのだ。

ここにきて、江戸時代の初期に作られた二枚の地図に新たな発見があった。「寛永江戸全図」には赤坂通りがなく、「明暦江戸大絵図」では赤坂通りがカギ字に曲がっていた。

赤坂通りの変遷

それでは、溜池方面からの一本のカギ字の道が二本の並行する道となり、さらに一本の真っすぐな道になった時期はいつ頃になるのか。

江戸時代後期の切絵図から「今井谷　六本木　赤坂絵図」をみると、ちょうど松平出羽の屋敷の東端から、道が二つに分かれ並行して延び、二本の間には妙福寺と赤坂今井町がはさまれている。屋敷に沿う南側の道は細く、屋敷の西端で直角に曲がり北側の道につながる。北側で延びる太めの道はそのまま西へ、紀伊殿の左下から南に延びる道に直交していた。

恐らく「明暦江戸大絵図」にあった、もともとのカギ字道の北側に並行させて道を設け、松平出羽の屋敷の西端で右に曲がるカギ字につなげたのだろう。

3　乃木坂周辺の地図から

『御府内備考』や『町方書上』『大日本地誌大系』などの地誌を探していたとき、一緒に「御府内沿革図書」なる地図集を見つけた。

「御府内沿革図書」は、江戸時代の延宝年中（一六七三〜一六八一）から幕末までの、年代ごとに同じ地域の土地利用の変遷をまとめた地図集となる。編纂は江戸幕府普請奉行で、全二十二部のうち、第十五部までが江戸市街地の「御府内往還其外沿革図書」、第十六部以降が郊外の「御府内場末往還其外沿革図

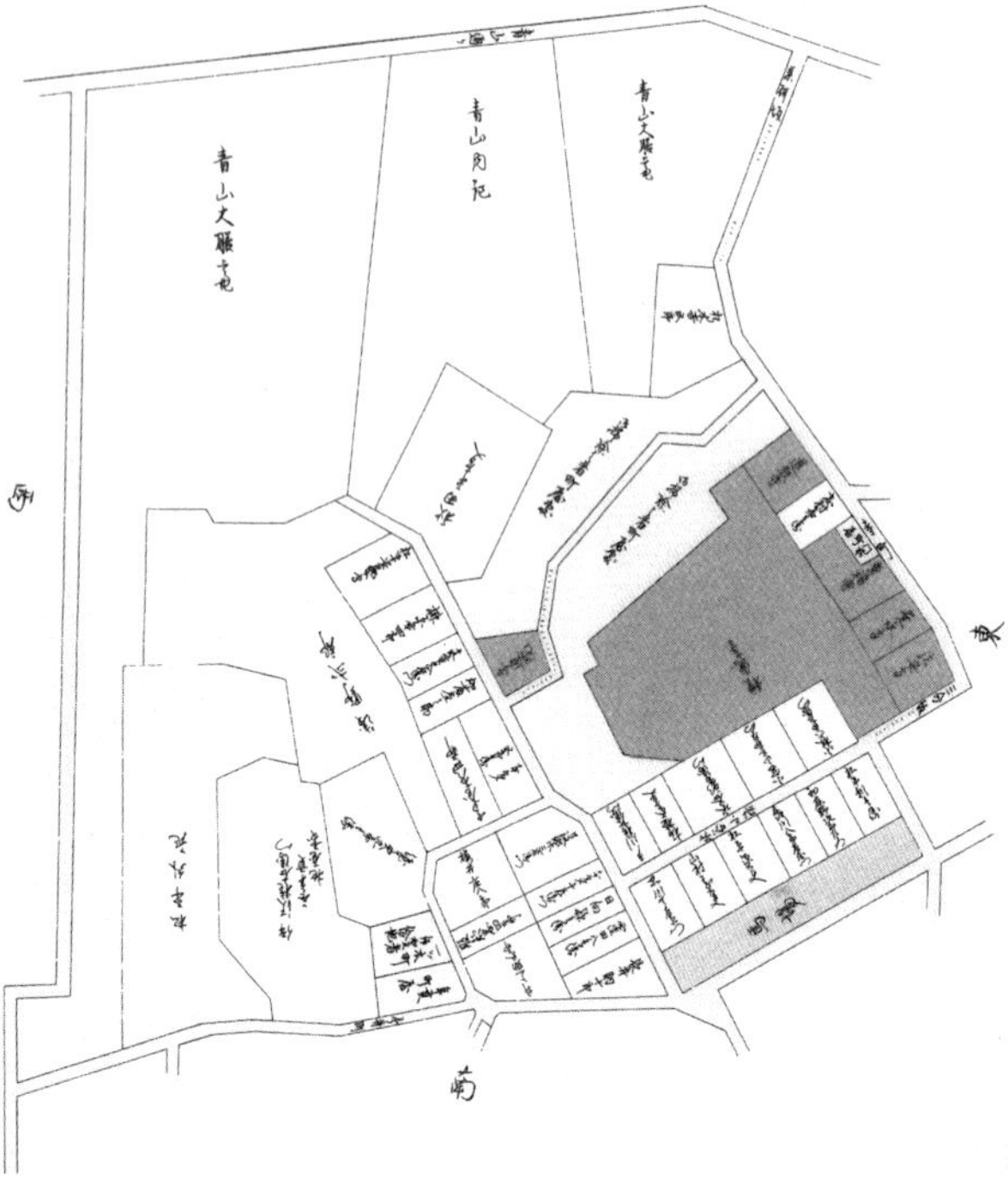

「御府内沿革図書　赤坂青山宿之内」延宝年中

「御府内沿革図書　麻布之内」延宝年中

書」となる。

原書房の『江戸城下変遷絵図集　御府内沿革図書』をみた。第十巻の（六）に「麻布之内」とする港区赤坂九丁目の区画があり、同じ巻の（七）に「赤坂青山宿之内」とする港区赤坂七・八丁目の区画があった。ちょうど件の北側の真っすぐの道が二つの地図の境となる。

「麻布之内」には、延宝年中、貞享年中、天保元年、文久二年の四枚の地図があった。また「赤坂青山宿之内」には、延宝年中、元禄年中、享保年中、天保元年、天保六・九年、文久二年の六枚の地図があった。

共通する、いちばん古い延宝年中の地図をみた。

北側の「赤坂青山宿之内」を見ると、今井町筋がはじまる分岐の北側に、東から年貢町屋、伊沢権右衛門年貢抱屋敷、松平外記、青山大膳亮と屋敷が続いている。青山の屋敷の西側が、紀伊殿の屋敷から延びる道に沿う。途中にはカギ字もある。

南側の「麻布之内」をみると、松平出羽守の屋敷東端で道が分岐、南側の道は屋敷の西端で直角に北上し北側の道につながり、その西に谷出羽守の屋敷が広がっている。谷の屋敷の西側が、青紀伊殿の屋敷から延びる道に沿う。分岐道にはさまれた間には、年貢町屋が形成される。

ということは、二本の道となったのは、カギ字の道のみの「明暦江戸大絵図」から、「御府内沿革図書」の延宝年中の二枚の図までの間、年代でいうと、明暦三年頃（一六五七）から延宝年中（一六七三〜一六八一）までの間となる。

さらに『港区の文化財・第五集　赤坂・青山その一』に、江戸時代の地図「新板　江戸外絵図（第五）」をみつけた。赤坂通りは西に向かって二本に分かれ、南側の道が途中で北側の道に直交している。地図発行は一六七三年で、元号では寛文十三年、年内に改元され延宝元年となる。ということは二本の道になったのは、「御府内沿革図書」の幅のある延宝年中よりも前、寛文十三年（明暦元年・一六七三）までの十六年の間となり、より範囲がせばまった。

では、二本の道が現在のように北側一本の道だけとなったのは、いつだろうか。

3　乃木坂周辺の地図から

切絵図を見直すと、嘉永三年（一八五〇）の「今井谷　六本木　赤坂絵図」には、二本の道がある。万延二年（一八六二）の「今井谷　六本木　赤坂絵図」も、元治二年（一八六五）の「今井谷　市兵衛町　赤坂全図」も二本。さらに、明治二年（一八六九）に出版された「明治二己巳年改正東京大絵図」でも、並行した二本の道だった。

『明治東京区分地図　全』に、明治七年（一八七四）の「木版東京大小区分絵図」と、八年の「銅版東京大小区分絵図」がある。東京が十五区となる以前、大区・小区に分けられていた時代の大型地図で、ともに道は一本しか描かれていなかった。ということは、二本の並行した道は、明治二年から七年までの五年の間に、北側の一本になったことになる。

江戸時代初期から明治初期に至る、赤坂通りの変遷をまとめてみる。

◇寛永二十年頃（一六四三）の「寛永江戸全図」に道はない。

◇明暦三年頃（一六五七）の「明暦江戸大絵図」にはカギ字の道ができている。

・カギ字の道ができたのは、寛永二十年頃から明暦三年頃までの間となる。

◇寛文十三年（一六七三）「新板　江戸外絵図（第五）」に二本の道ができている。

・二本の道ができたのは、明暦三年頃から寛文十三年までの間となる。

◇延宝年中（一六七三〜一六八一）「御府内沿革図書」に二本の道ができている。

◇元治二年（一八六五）「今井谷　市兵衛町　赤坂全図」に二本の道ができている。

◇明治二年（一八六九）「明治二己巳年改正東京大絵図」に二本の道ができている。

◇明治七年（一八七四）「銅版東京大小区分絵図」では道が一本になっている。

・一本の道となるのは、明治二年から明治七年までの間となる。

江戸時代から明治時代初期にかけての、乃木坂界隈の街づくりが垣間見えた。

筋を変える

江戸時代の初期の地図をみると、カギ字の形に構成されている道をよく見かける。そのまま真っすぐ進めるはずの道を、途中で右（左）に曲げ、すぐまた左（右）に曲げ、筋を変えている。

それはなぜか。実は、その頃の街づくりとして、敵の進攻を防ぐために通りを遮断させているのだ。道幅を狭くしたり、カギ型にしたり、交差点を直進させずに丁字を二ヵ所つくり、くい違いにさせたりしている。有名なところでは、江戸城の三十六見附の一つ、四谷門と赤坂門の間に喰違見附がある。

乃木坂近くには二ヵ所。紀伊殿から南下する道と、新たに見つけた溜池からの道が丁字につながる手前にあった。さらに近いところで二ヵ所に見つけた。

乃木坂を日枝神社方面に下りそのまま東へ、ちょうど赤坂檜町の東端から北西に道が分岐する。真っすぐ行くと、新坂をのぼって突き当たりが紀州藩江戸屋敷となる。その新坂ののぼり口がカギ字になっていた。最初に左に曲がる角が毛利淡路守（周防徳山藩毛利家）の上屋敷で、次に右に曲がる角が青山備中守（丹波篠山藩青山家）の中屋敷となる。

もう一つは、赤坂檜町東端の分岐と、新坂のぼり口のカギ字の間から、右手にのぼる稲荷坂の先にある。稲荷坂をのぼり御掃除之者町屋敷の間を抜け、丁字路を左に曲がると薬研坂となる。御掃除之者町屋敷にはさまれた途中にカギ字があった。現在の港区赤坂七丁目の区画のほぼ中央にある。

江戸時代の初期に作られた、二枚の大絵図「寛永江戸全図」と「明暦江戸大絵図」から、のちに赤坂通りとなる道の論証が長くなった。あと一枚、江戸時代の地誌に付いていた地図を見てみる。江戸時代の中期、明和九年（一七七二）に記された地誌『江戸砂子』には、紹介する地域ごとに地図が付いていた。

これまで見てきた地図は、ほとんどが一枚もので、折り畳まれたり、分割されたりしていたが、『江戸砂子』の地図は、綴じられた冊子の見開きページにある。

和綴じの冊子の場合、一枚一枚の紙片に枠が設けられ、文章や図柄は枠のなかに収められる。紙片を半分

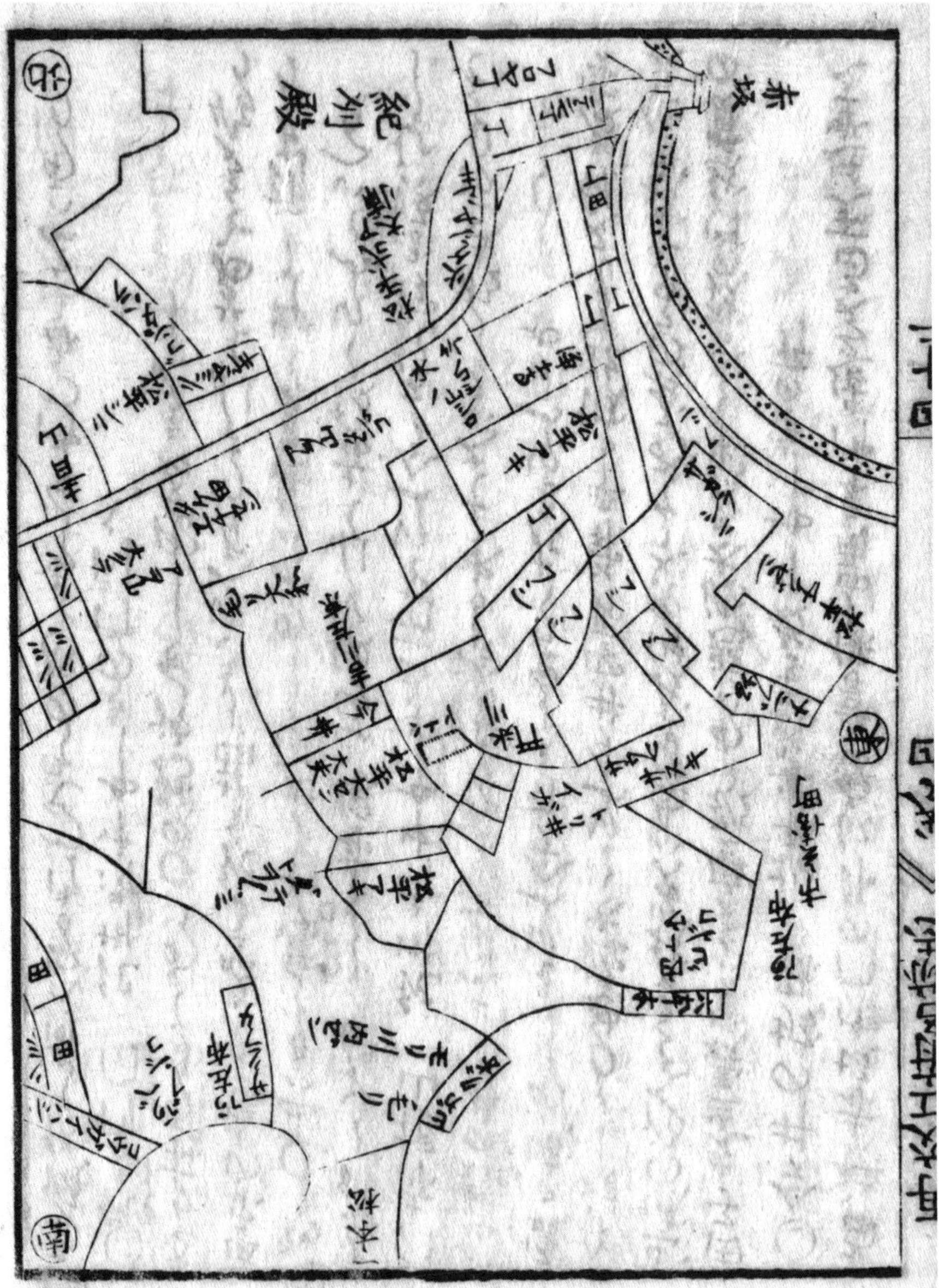
北
赤坂
紀州殿
東
南

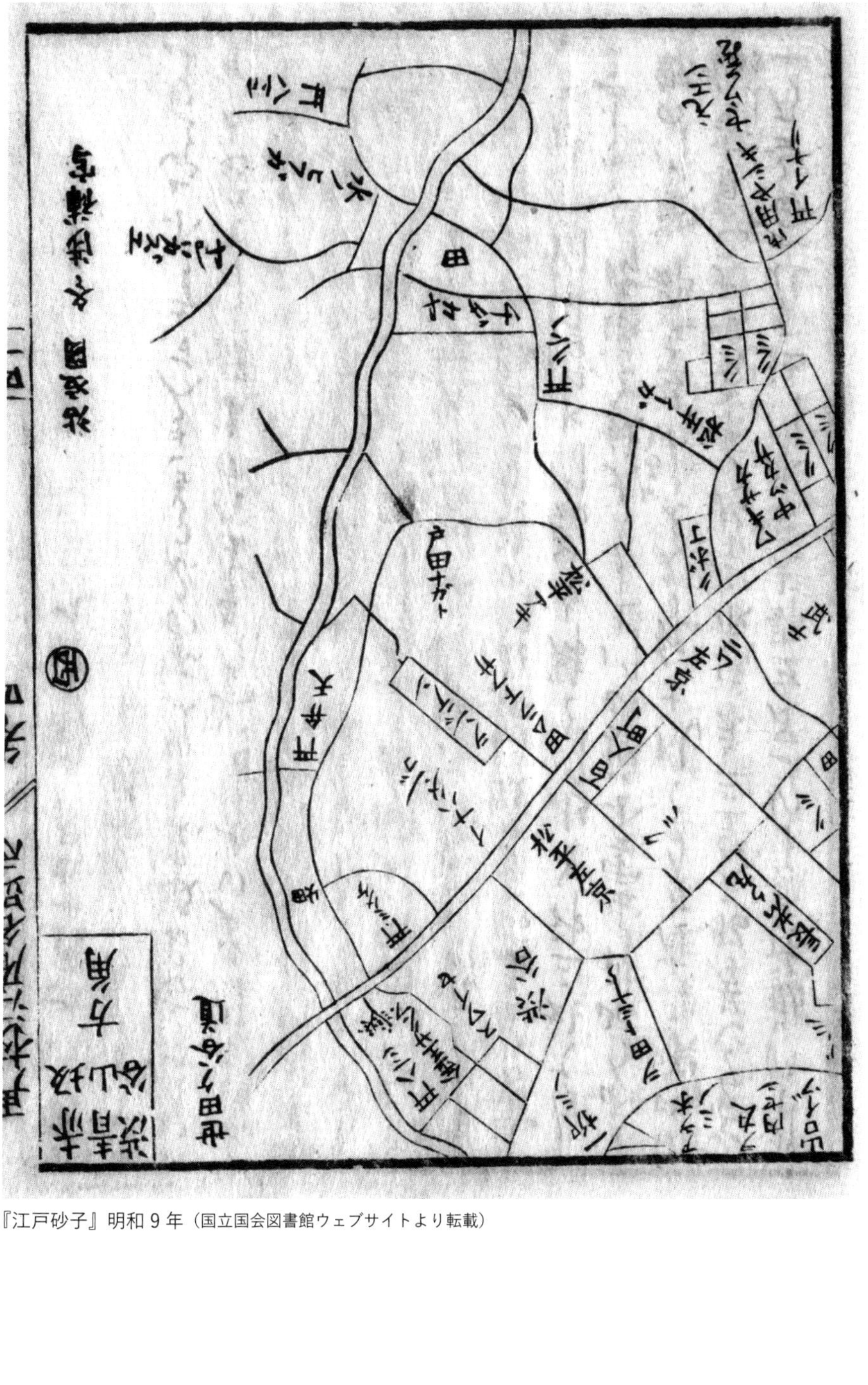

『江戸砂子』明和 9 年（国立国会図書館ウェブサイトより転載）

に山折りにして、重なった端の辺を綴じ、束ねることになるが、枠のまわりに余白を設けているから、綴じ部分に文字や図柄が入り込むことはない。

地図は、右半分と左半分が別の紙に刷られる。地図の右半分が山折りになった一枚目の紙片の左頁に刷られ、左半分が次の紙片の右頁に刷られる。見開きで一枚の地図となる。

乃木坂が含まれる「赤坂青山渋谷方面」は、ちょうど東西南北が一八〇度逆さになっていた。

外濠と古川、青山通りが二本線で幅を持たせ、ほかの道はすべて一本線で描かれている。左上に六本木、左下に赤坂があり、右上に渋谷、世田ヶ谷、右下に千ダガヤがある。また、左側の麻布が阿左布になっている。

赤坂の右にある紀州殿から、上に向かって六本木に延びる一本の線。タケ田ヱチセン、毛リ大和、吉川左京、今井、松平大ゼン大夫などの名がみえる。六本木の右側には、六本木ヒルズとなる毛リの文字がみえ、また、赤坂溜池の右には、赤坂サカスとなる松平アキの文字もみえる。

そして松平アキの上、平行四辺形のフシから右に今井と吉川左京の間を抜ける線が、丁字につながっている。その手前が「行合坂」で、のちの乃木坂となる。

（2）江戸時代の地誌

港区の町方書上

江戸時代のはじめ、青山忠成が徳川家康から広大な土地を賜った話は『江戸の坂　東京の坂（全）』と、東京公園文庫の『青山霊園』に見つけた。どちらも、出典を『御府内備考』としている。その『御府内備考』を探していたら、似たような『町方書上』と『大日本地誌大系』をみつけた。

文政九年（一八二六）、幕府は『御府内風土記』の編纂事業に取り組み、江戸各町の名主や寺社に由来資料を提出させ『町方書上』と『寺社書上』に合冊した。文政十二年には、編纂の備考として『御府内備考』にまとめた。のち、明治六年（一八七三）五月に起きた江戸城内からの火災で『御府内風土記』が焼失し『御府内備考』が残った。そして、大正時代には地誌の集大成として、江戸時代の全国の風土記や地志を『大日本地誌大系』にまとめ、昭和八年（一九三三）に第一期四十巻が揃った。『御府内備考』は『大日本地誌大系』に含まれた。

それでは、現在確認ができる「町方書上」には、どのようなものがあるのか。

江戸東京博物館友の会が『町方書上』の全編を九巻に翻刻し、新人物往来社が『旧幕府引継書江戸町方書上』として、浅草の上・下巻と下谷、谷中の全三巻を出している。また「江東古文書に親しむ会」が上・下巻で、「新宿近世文書研究会」が四谷、市谷、牛込を各一巻ずつ出していた。

さらには、港区立みなと図書館が『文政のまちのようす江戸町方書上』を出していた。芝編が上・下巻で、麻布編と赤坂編が各一巻の全四巻となる。ありがたいことに乃木坂がある港区が、独自に区内の「町方書上」をまとめていたのだ。さっそく『江戸町方書上（四）赤坂編』から目次を開いたが、青山忠成の馬が膝を折った坂は見あたらない。明治五年（一八七二）以降の赤坂新坂町で、現在の赤坂八丁目、九丁目が、江戸時代に何町だったのかが分からない。

『増補　港区近代沿革図集　赤坂・青山』の「港区公式町名変遷表」をみると、八丁目のもともとの里俗名は、宮様御門前、西大沢、疱瘡店、武家地と今井谷、清水谷で、慶応二年（一八六六）には、武家地と「麻布今井町」の一部と「赤坂一ツ木町」の飛び地になったとしている。赤坂編「弐」に「一ツ木町」「一ツ木町続元赤坂町代地」があったが、それらしい記述はなかった。

また、雄山閣が発行した『御府内備考』全六巻から、赤坂が収録されている『大日本地誌大系（三）御府内備考　第三巻』を開いた。赤坂は（一）、（二）、（三）と分かれている。紹介している町は、港区立みなと図書館の『江戸町方書上（四）赤坂編』とほぼ一緒だ。ためしに「巻六十九　赤坂之三」の「一ツ木町」と「一ツ木町続元赤坂町代地」を探ったが、やはり記述はなかった。

行合坂

試しに、赤坂の隣の麻布に幅を広げてみた。『文政のまちのようす江戸町方書上（三）麻布編』（一）のなかに、麻布今井町に「行合坂」があった。

一坂の儀は、町内南の方にて麻布龍土町への道筋にこれあり、幅四間より三間ぐらい、登りおよそ四十間ほどにて行合坂と相唱え申し候。右坂上青山辺りより龍土辺りへ通行の道筋へ当町より登り行き合い候ゆえ、唱え来たり候由申し伝え候

（七頁）

そこでもう一つの『大日本地誌大系（四）御府内備考　第四巻』を開いた。麻布が巻之七十五から巻之八十一までの（一）から（七）まであるうち、「巻之七十六　麻布之二」のなか、今井町に「行合坂」があった。

一坂　登凡四拾間程幅四間より三間位
右者町内南之方ニ而同所龍土町え之道筋有之
行合坂と相唱申候右坂上青山邊より龍土邊え通
行之道筋え當町より登行合候故唱來候由申傳候

（一二頁）

『町方書上』も『御府内備考』も「麻布の今井町から龍土町と青山町が行き合う道へのぼる坂」と同じことをいっている。まさに、行合坂を説明する文言と同じだ。赤坂ではなく、「麻布今井町」に含まれていた。

記述にある坂の長さを換算してみると、幅は五から七メートル、のぼり坂の長さは約七三二メートルとなる。坂が長いわりに幅が狭い。

『町方書上』や『御府内備考』とは別に、先述した『江戸砂子』がある。江戸地誌のなかでは多く流布し、のちのちまで出版された。開いたのは、昭和五十一年（一九七六）に東京堂出版が発行した版だった。

「巻之六」まで発行されたうち、「巻之三」の十四に「赤坂」があった。記載は「麻布」でなく「赤坂」の巻にあったが、麻布の「今井村から」としていた。

行合坂　今井村より上ル坂　（一九二頁）

もう一つ、江戸時代の地誌に『江戸名所図会』がある。江戸の各町についての、由来や名所案内を記した絵入りの地誌図鑑で、天保年間（一八三一～一八四五）に刊行された。最近では、ちくま学芸文庫に全七巻の『新訂江戸名所図会』と、別巻二冊がある。

赤坂、麻布、青山辺りを探すと、三巻に「赤坂御門」「氷川明神社」「一木原」「今井古城の址」「赤根山」「笄橋」などがあったが、残念ながら膝折坂、行合坂、幽霊坂はなかった。

『新訂江戸名所図会』の別巻二は『江戸名所図会事典』となる。『江戸名所図会』の解説や、巻末には地域別と人名、地名、書名の索引がある。また明治十年（一八七七）に岡部啓五郎が記した『東京名勝図会』上・下と、『江戸名所図会』を現代の目からみた「現代東京名所案内」を収録していた。

『東京名勝図会』の目次をみると、東京を大区と小区に分けている。当時、赤坂辺りは第三区となるが、九段招魂社、市ヶ谷八幡神社、赤城天神、牛込神楽坂、平川神社、日枝神社、赤坂氷川神社を紹介しているだけだった。

ここまで、いくつかの地誌をみてきたが、『町方書上』『御府内備考』『江戸砂子』の三つの資料から、江戸時代の中期、一七〇〇年代には乃木坂が麻布の今井町にあり、「行合坂」の名称で通っていたことが分かった。

（3）明治時代から第二次世界大戦後まで

昭和四十五年（一九七〇）三月に、港区立三田図書館が『東京都港区　近代沿革図集　赤坂・青山』を発行した。「赤坂・青山」編は、港区を五つに分けたうちの一つとなる。

赤坂と青山を中心とした年代ごとの地図集で、江戸時代に発行された『御府内沿革図書』の現代港区版とでも言おうか。赤坂と青山の六つの地区を、江戸時代末期から昭和時代までの七つの時代に分けて紹介していた。

◇文久二年（一八六二）「御府内場末往還其外沿革図集」

◇明治九年（一八七六）市原正秀「明治東京全図」

◇明治十八年（一八八五）内務省地理局「東京実測図」

◇明治二十九年（一八九六）東京郵便電信局「東京市赤坂区全図」

◇大正十年（一九二一）東京逓信局「東京市赤坂区図」

◇昭和七年（一九三二）「東京市赤坂区地籍図」

◇昭和四十一年（一九六六）「住居表示新旧対照案内図」

さらに平成十八年（二〇〇六）三月には、港区立港郷土資料館が『増補　港区近代沿革図集　赤坂・青山』を発行した。先の七つの時代に四つの時代が追加され、少しばかりだが間が埋まった。

▽昭和十二年（一九三七）植野録夫「赤坂区詳細図」

▽昭和二十二年（一九四七）植野録夫「港区詳細図」

◇昭和六十一年（一九八六）港区土木部土木管理課「港区道路図」

◇平成十七年（二〇〇五）港区街づくり推進部都市施設管理課「港区管内道路図」

ここで、乃木坂を中心とした道路の変遷や、周辺の街の形成がどのように変化してきたのか、大判一枚ものの地図と、『増補　港区近代沿革図集　赤坂・青山』をもとに追いかけてみる。

まず、明治時代から大正時代、そして昭和初期から「もはや戦後ではない」と言わしめた辺りまで。ただ、入手できた地図資料が少なく、ときとして地図の発行の幅が開きすぎる時期もある。年代の特定に欠けるものがあるのは否めない。

▽明治二年（一八六九）「明治二己巳年改正東京大絵図」吉田屋文三郎

江戸時代から明治時代に変わったといっても、まだ多くの武家屋敷が残っている。乃木坂近くでは、元紀州から南へ延びる、カギ字の道の西側に広い青山大膳

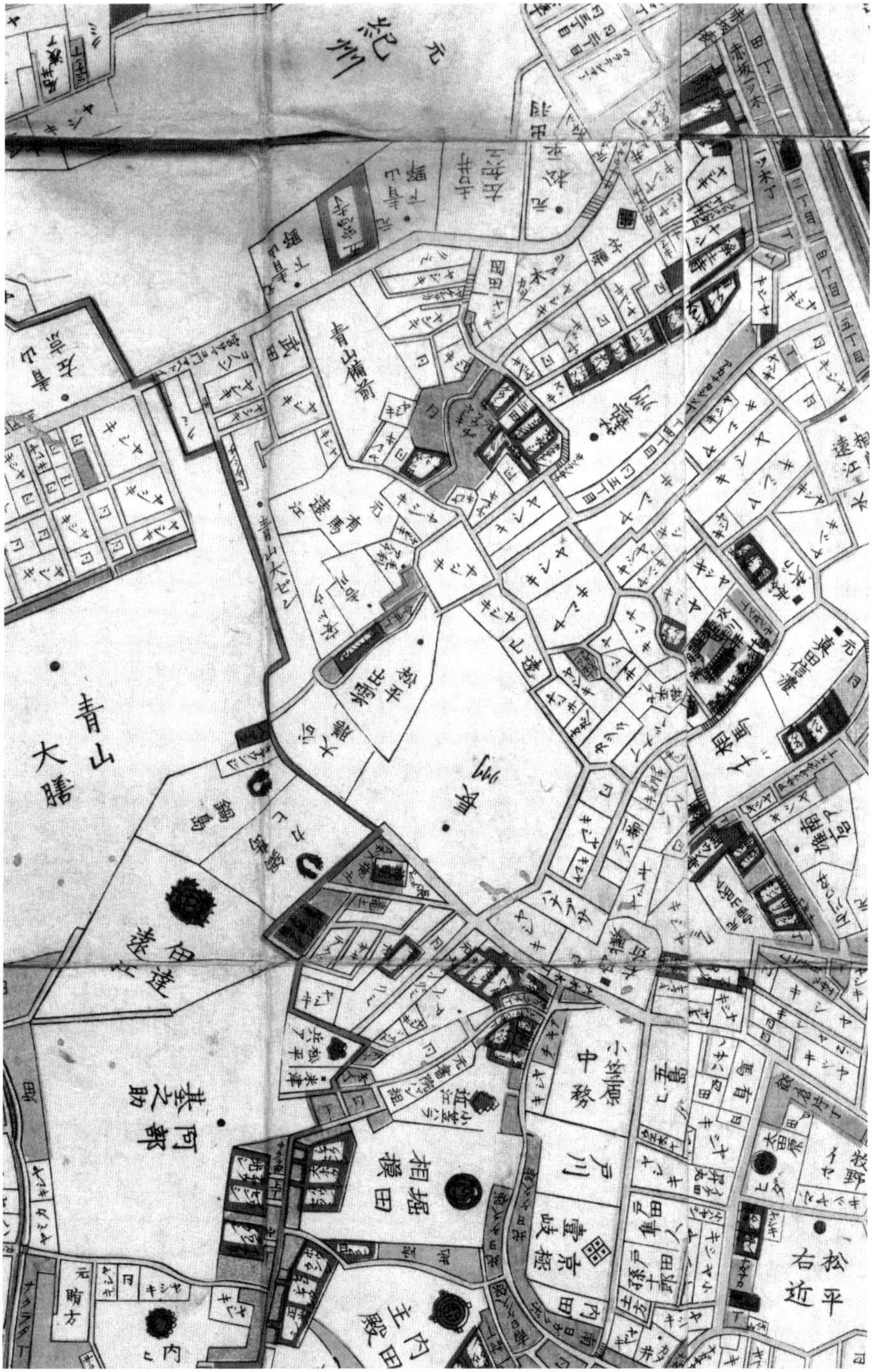

「明治二己巳年改正東京大絵図（部分）」明治２年（国立国会図書館ウェブサイトより転載）

から、キヤウンジ、鍋島、鍋島カヒ、伊達遠江と続く。また、カギ字の南から、東の日枝神社方面へと延びる道の北側に青山大ゼン、安ドウ、吉川、毛利アハジ、ヤシキ、元有馬遠江と続く。さらに南側に谷大膳、松平出雲、長州がある。屋敷は藩名も大名の名もない「ヤシキ」だけの表記も目立つ。屋敷跡みたいな感じだろうか。ただ、長州の屋敷は、朝廷が元治元年（一八六四）七月に没収している。

▽明治七年（一八七四）「銅版東京大小区分絵図」中村熊次郎、小林新兵衛

地籍図のため、名称が記される実用的な地図と違い、それぞれの区画に数字が振られ、ところどころに徳川や松平など、大名の名が残っている。

地図は右に九〇度傾き、カギ字の道が上部で右から左に延びている。カギ字の左側で、日枝神社からの道が丁字につながる。その手前には「妙福寺」があるが、寺をはさんで並行していた旧カギ字の道はなくなって

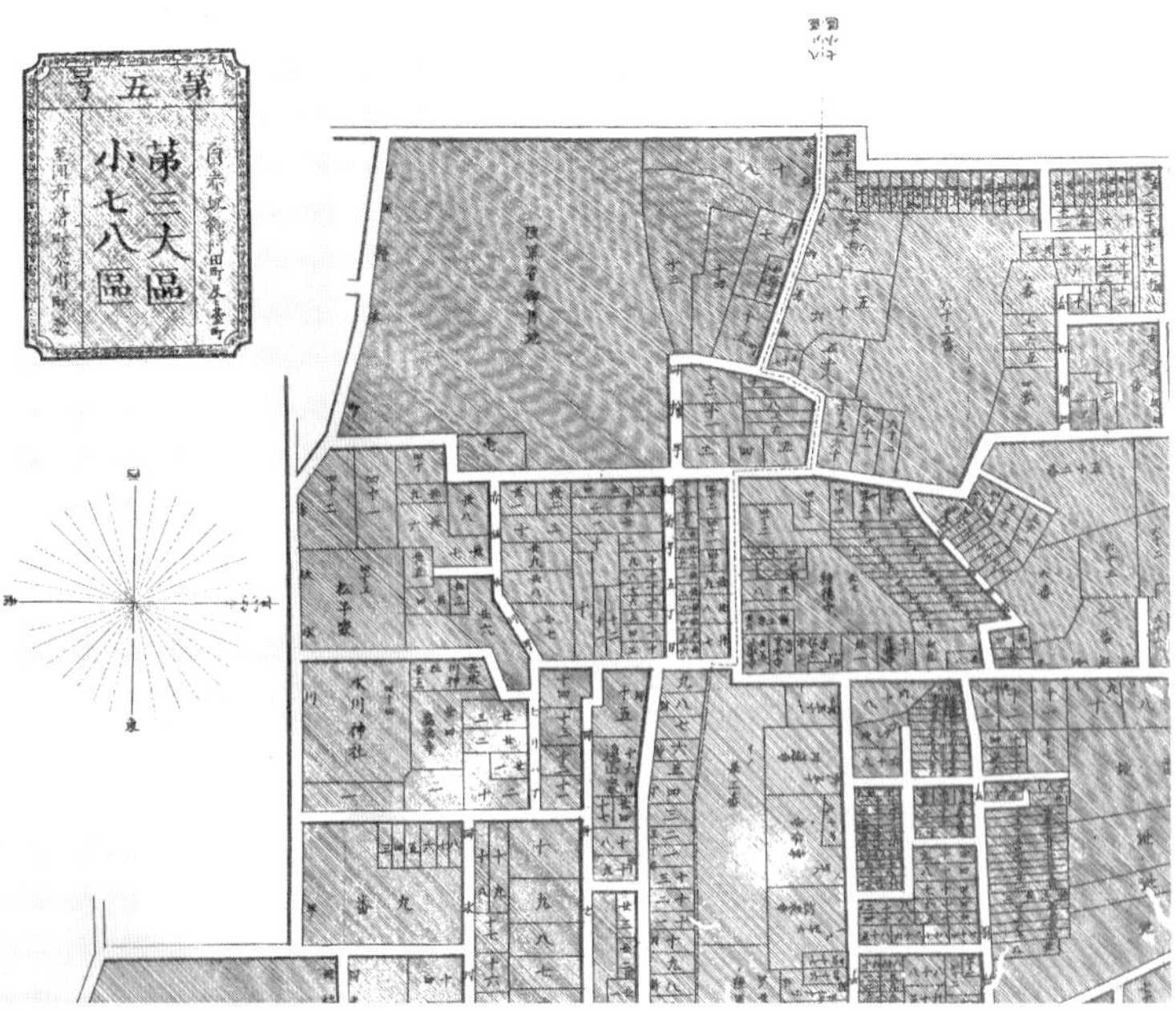

「銅版東京大小区分絵図（部分）」明治７年

いる。また、左上には広く旧松平大膳大夫の下屋敷からの「陸軍省御用地」がある。のち、乃木邸となる辺りには、四〇番台後半の番地が順に振られている。この年の三月四日に、東京一一大区一〇三小区に再編され、新坂町は第三大区第七小区に区分された。

▽明治八年（一八七五）『木版東京大小区分絵図』北畠茂兵衛、山村金三郎

新坂町が含まれる第三大区の全体が広く示され、東は北の丸公園、田安門から俎橋、西は外苑東通り、南は東京ミッドタウンから溜池、北は市谷の防衛庁から市谷富久町までが地図の範囲となる。カラー刷りの地籍図だが数字だけではなく、神社仏閣のほか軍や国の施設などの名称も、ちらほら見える。

松平大膳大夫の下屋敷跡は「赤坂檜町　陸軍省御用地」となり、松平安芸守の中屋敷跡の東側半分は「陸軍裁判所御用地」となる。紀伊家の屋敷跡は「離宮旧若山《（マヽ）》徳川家上邸」とある。縮尺が小さく細かく追うことはできない。

▽明治九年（一八七六）「明治東京全図」市原正秀（『増補港区近代沿革図集　赤坂・青山』）

のちに乃木希典が住む「赤坂新坂町」の表記はあるが、まだ大区小区制の時代でもある。大区小区制が廃止されるのは、明治十一年（一八七八）十一月二日のこと。

地形を表すケバが描かれ、乃木坂となる手前南側には妙福寺がある。カギ字道の西側にあった「青山大膳亮下屋敷」の文字がなくなっている。二年前の明治七年九月には墓地が売り出され、広い範囲が真っ白になる。

▽明治十二年（一八七九）「大日本改正東京全図」

縮尺が大きく、かなり精密に描かれた地籍図で、一区画ずつの地番のほか坪数が記され、道や蛇池の形状が浮き出ている。青山家下屋敷の時代、庭園の泉水だった頃の蛇池には、一面に芦が生え、多くの魚がいたという。ところどころに英語表記もみられ、青山埋葬地に「AWOYAMA　CEMETERY　二十八町九反」。東京鎮台兵営に「BARRACKS（TOKIO

3　乃木坂周辺の地図から

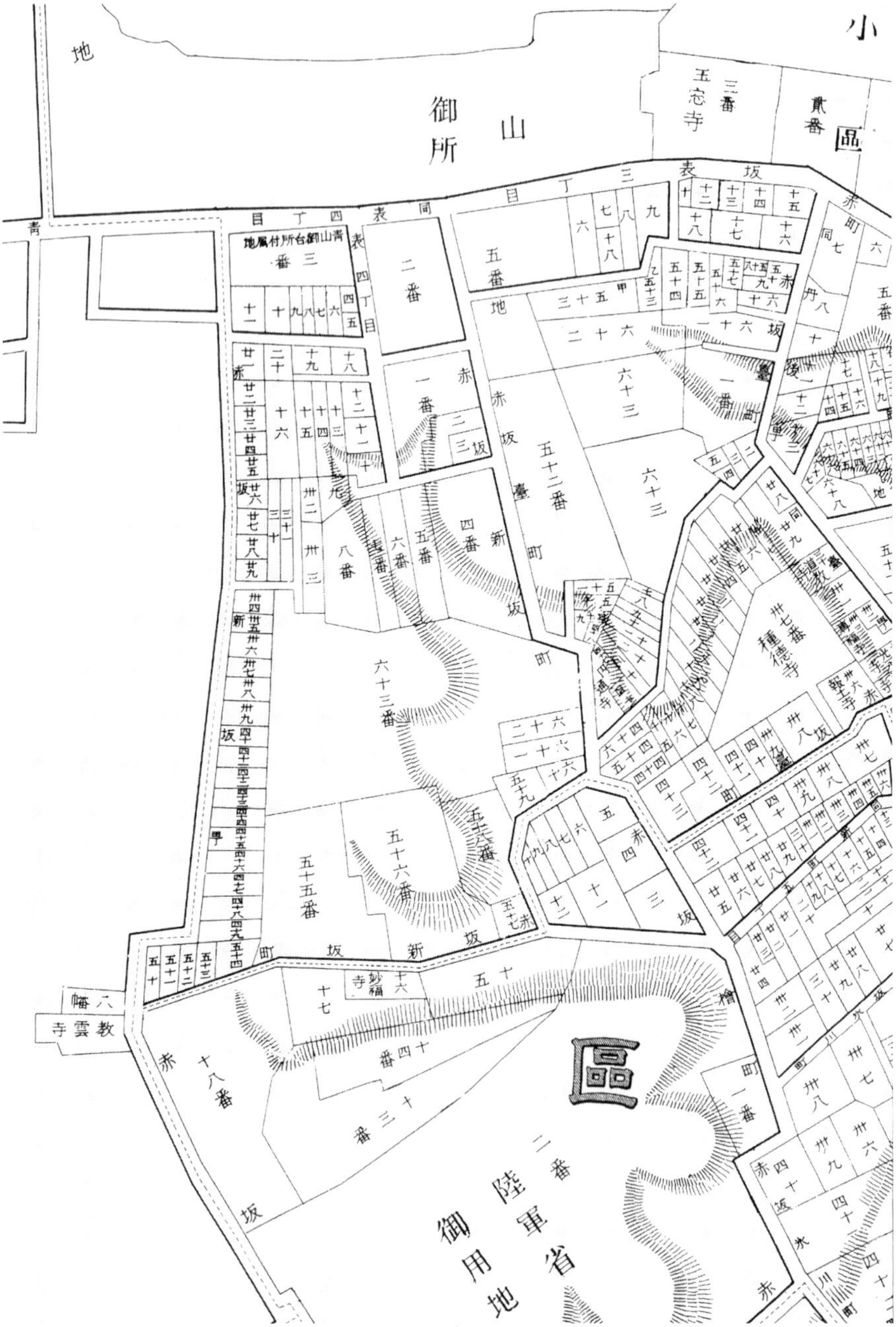

「明治東京全図（部分）」市原正秀　明治９年　（『増補 港区近代沿革図集　赤坂・青山』）

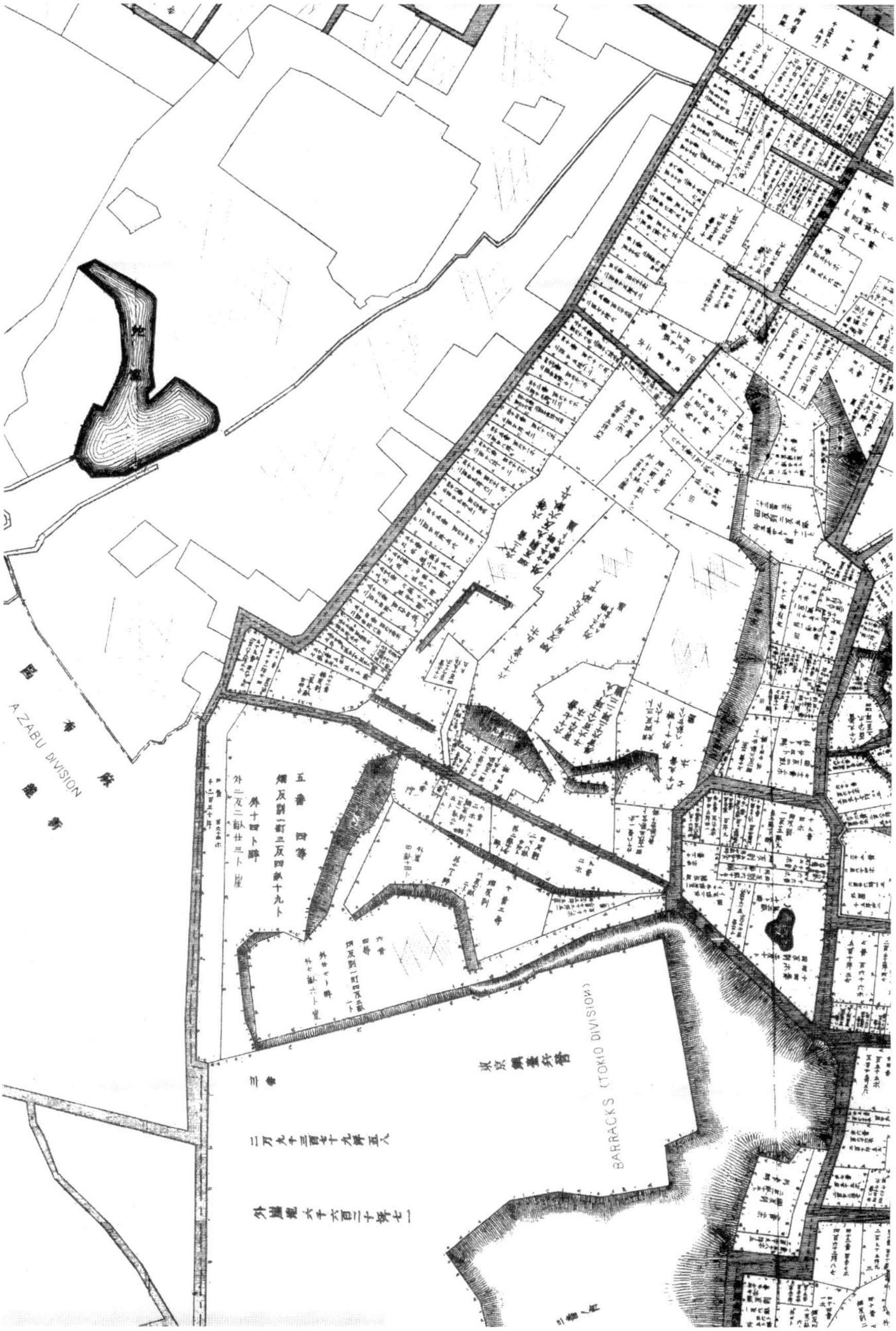

「大日本改正東京全図（部分）」明治 12 年

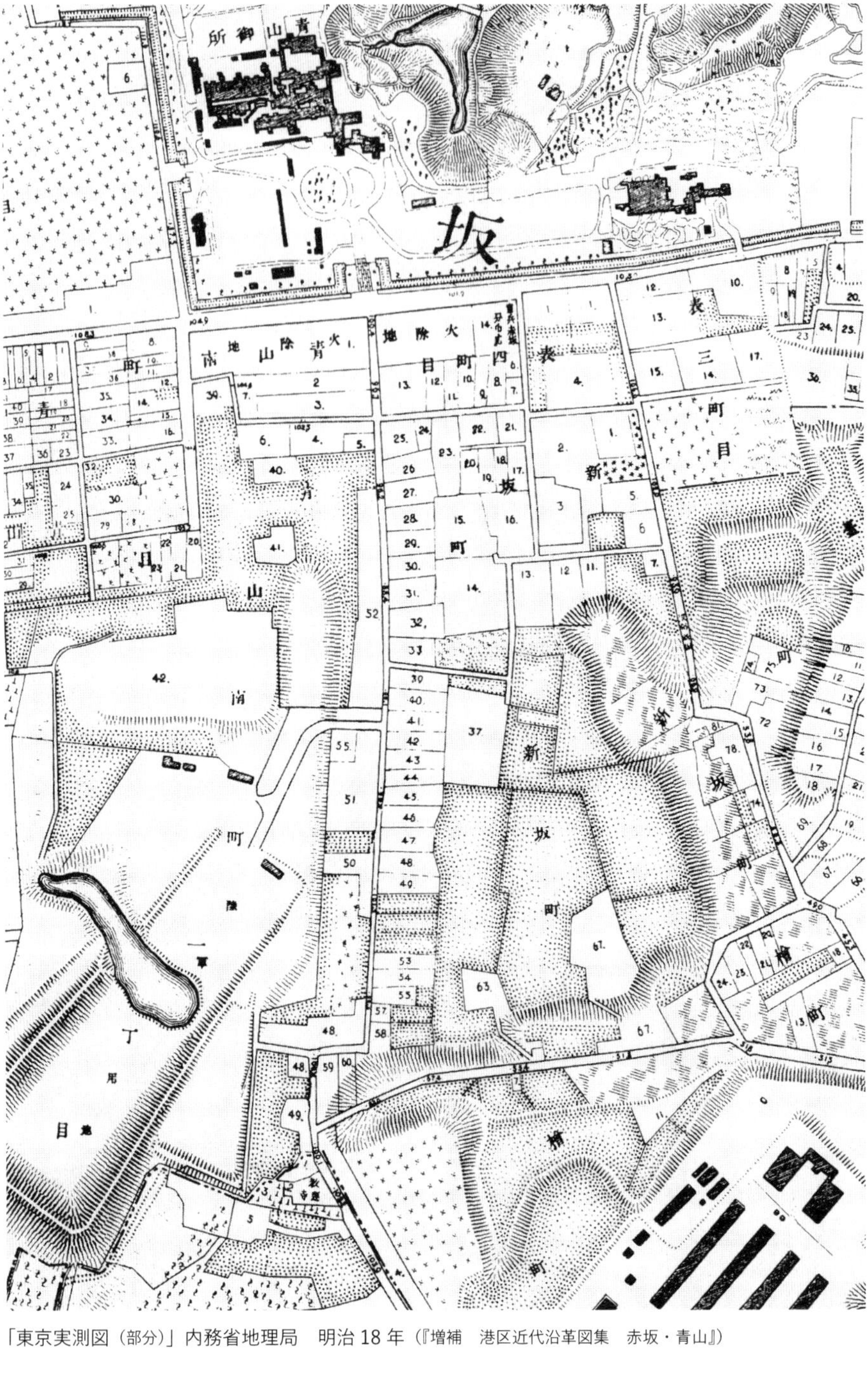

「東京実測図（部分）」内務省地理局　明治 18 年（『増補　港区近代沿革図集　赤坂・青山』）

DIVISION）、二万九千三百七十九坪五八、外崖地六千六百二十坪七二」。麻布区との境界に「AZABU DIVISION」とある。

乃木は前年の一月に、東京鎮台歩兵第一連隊の連隊長に補任され、八月に結婚。西久保町に妻を迎えて新居を構えた。そして、この年の八月に長男勝典が生まれ、十一月に妻静子と勝典を連れて、新坂町五五番地に引っ越してくる。明治十四年の十二月には次男保典が生まれる。

▽明治十八年（一八八五）「東京実測図」内務省地理局

（『増補　港区近代沿革図集　赤坂・青山』）

青山通りの北側に「仮皇居」「青山御所」の敷地が広がり、道や建物、池をはじめ、地図記号などがこと細かに示されている。

乃木希典が住んで六年の赤坂新坂町「55番地」がある。南北に延びるカギ字道の南側で、日枝神社方面からの道が丁字に突き当たり、その手前には高低差を示すケバが記されている。また、丁字の手前南側にあった妙福寺がなくなり、その南側、松平大膳大夫の下屋敷跡となる「東京鎮台歩兵営」には、兵舎らしき黒く塗られた長方形が整列している。

青山南町一丁目南側には、射的場の土塁がつまれているが、一部「蛇が池」が食い込んでいる。射的場の文字はなく「陸軍用地」となっている。

▽明治二十年（一八八七）「東京西部」「東京南西部」人文社　東京市5千分1地図

参謀本部陸軍部測量局発行の地図となる。のちの外苑東通りや赤坂通りなど、主要道路の一部は罫で輪郭を引かずに点が連なっている。街路樹を示しているのだろうか。

のちに近衛歩兵第三連隊となる、一ツ木町の敷地の東側半分が広く「陸軍囚獄署」となっているが、西側はまだ整備されていない。檜町は「東京鎮台歩兵営」となるが、新龍土町に軍関係の表記はなく、手前には鍋島邸がある。

射的場の演習場内に食い込んでいた蛇が池がなくなっている。また、青山墓地の敷地には、三分の一程度が墓の地図記号でうまっている。赤坂通りがカギ字の南側でつながる手前の坂道を、右書きで「幽靈坂」としていた。

▽明治二十八年（一八九六）「東京市赤坂区全図」東京郵便電信局

隣接する麹町区、麻布区、芝区、四谷区と南豊島郡の渋谷町、千駄ヶ谷町の詳細が何もなく省かれ、道は境界線でとぎれている。

明治二十四年（一八九一）九月、赤坂見附から西へ赤坂表町二丁目の南側を走っていた大山道が真っすぐに整備され、表町二丁目が二つに分断された。さらに、御所の右下でとび出た敷地が、新しい大山道によって切り離され、旧道と新しい道、また赤坂裏町から延びる道で三角形ができた。囲まれた土地は、宮内庁から東京府に下賜され、東側に赤坂署の庁舎が、西側に赤坂区役所の庁舎がそれぞれ新築された。いまは警視庁赤坂警察署と、港区赤坂地区総合支所になっている。

御所表門から南に延びる道の途中、カギ字の右に曲がらない、そのまま真っすぐの細い道ができ、日枝神社からの道に突き当たっている。もしかして、のちの

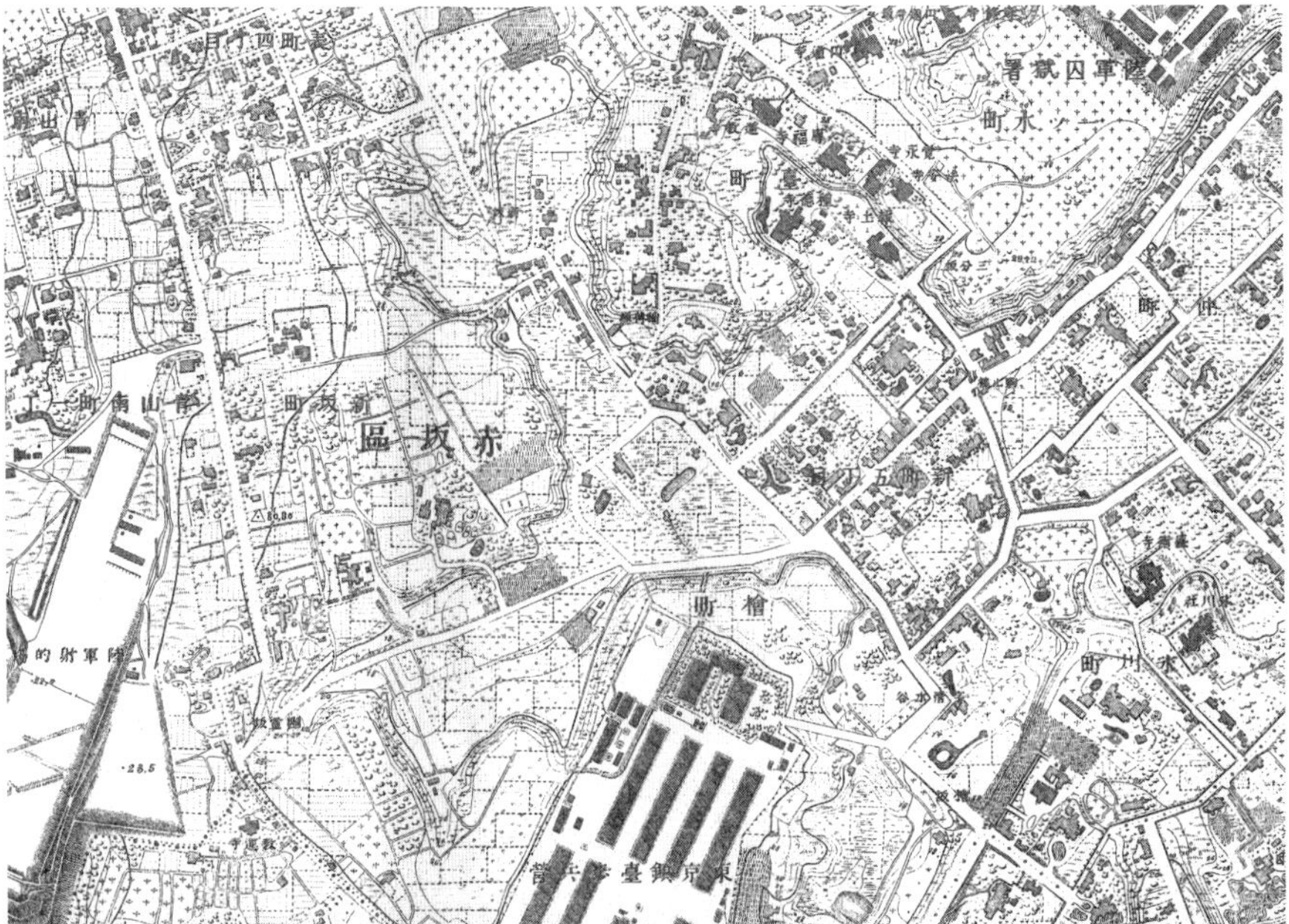

「東京西部（部分）」明治 20 年

カギ字を通らなくてすむ、電車道の工事中かもしれない。しかし、通りに電車が開通するのは、明治四十五年（一九一二）のことで十六年も先の話。なにか別の用途の道かもしれない。

赤坂檜町の大部分が「東京鎮台歩兵第一連隊兵営」となっている。また、赤坂一ツ木町の陸軍衛戍監獄がなくなり、西側も整備されて全敷地が「近衛第三連隊兵営」となった。

青山南町一丁目射的場の北側に「第一師管軍法会議」「第一師団司令部」「第一師団監督部」がある。

▽明治三十七年（一九〇四）「赤坂区全図」博益社

赤坂見附から赤坂離宮、青山御所の南側に沿って西に延びる道に電車線ができ、赤坂区を突き抜けている。できたのは、この年の九月六日だが、開通するのは梅窓院の西側、のちの外苑西通りと交差する手前の青山四丁目までで、赤坂区をつき抜けて青山七丁目まで開通するのは、もう少し先の明治三十九年（一九〇六）となる。

3　乃木坂周辺の地図から

御所表門から南へ六本木方面への道と、御所西門前

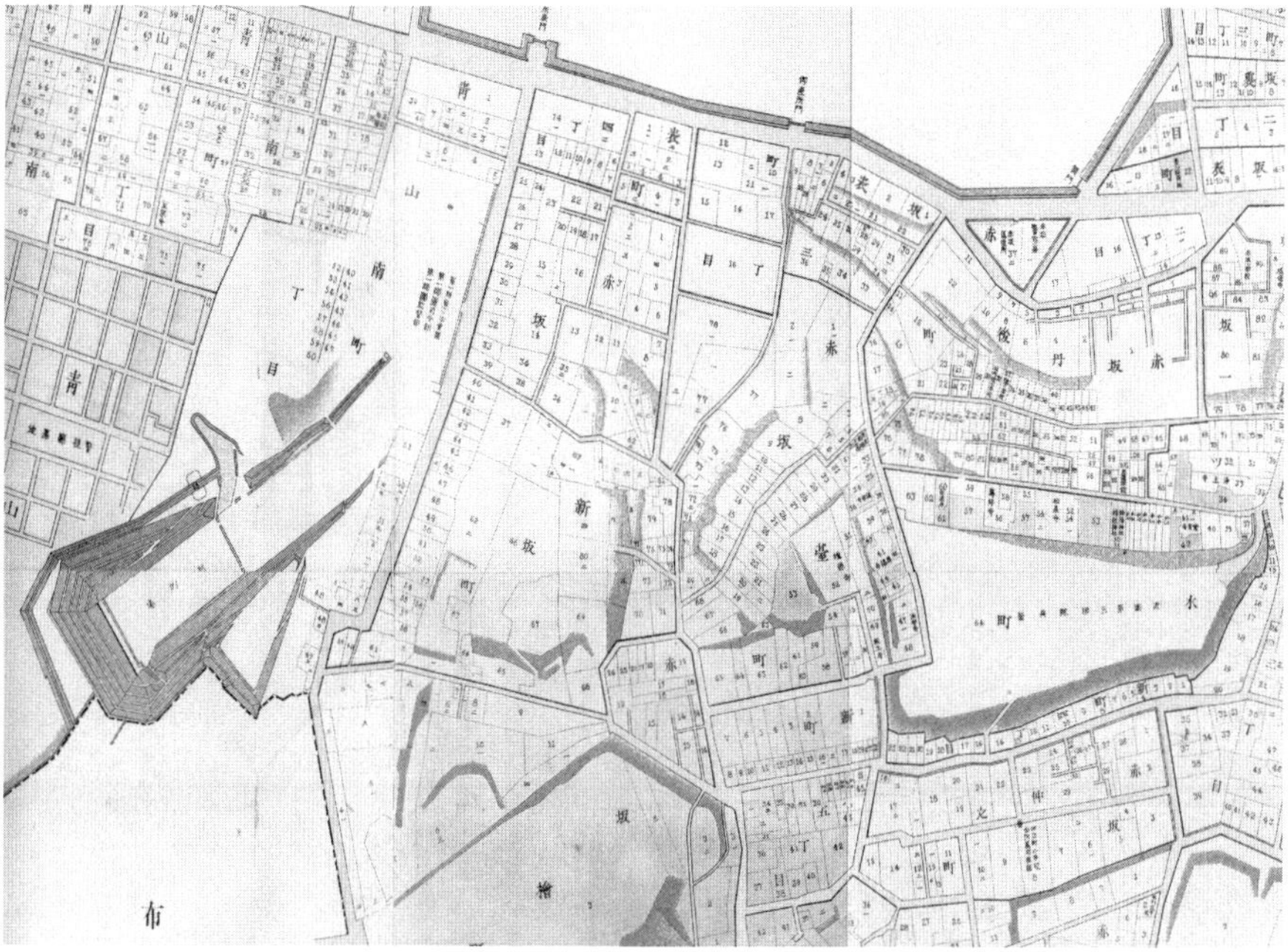

「東京市赤坂区全図（部分）」明治 28 年

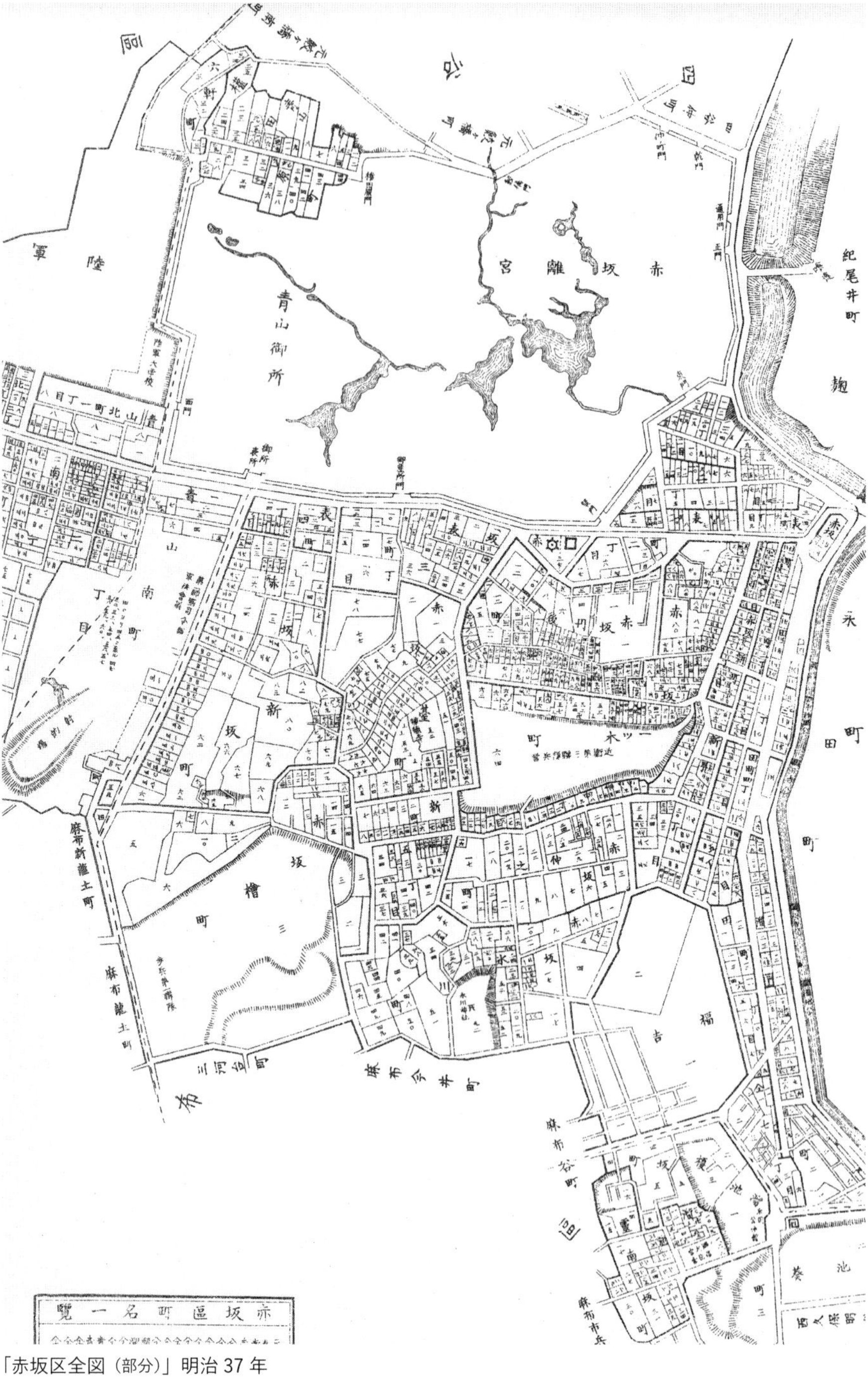

「赤坂区全図（部分）」明治 37 年

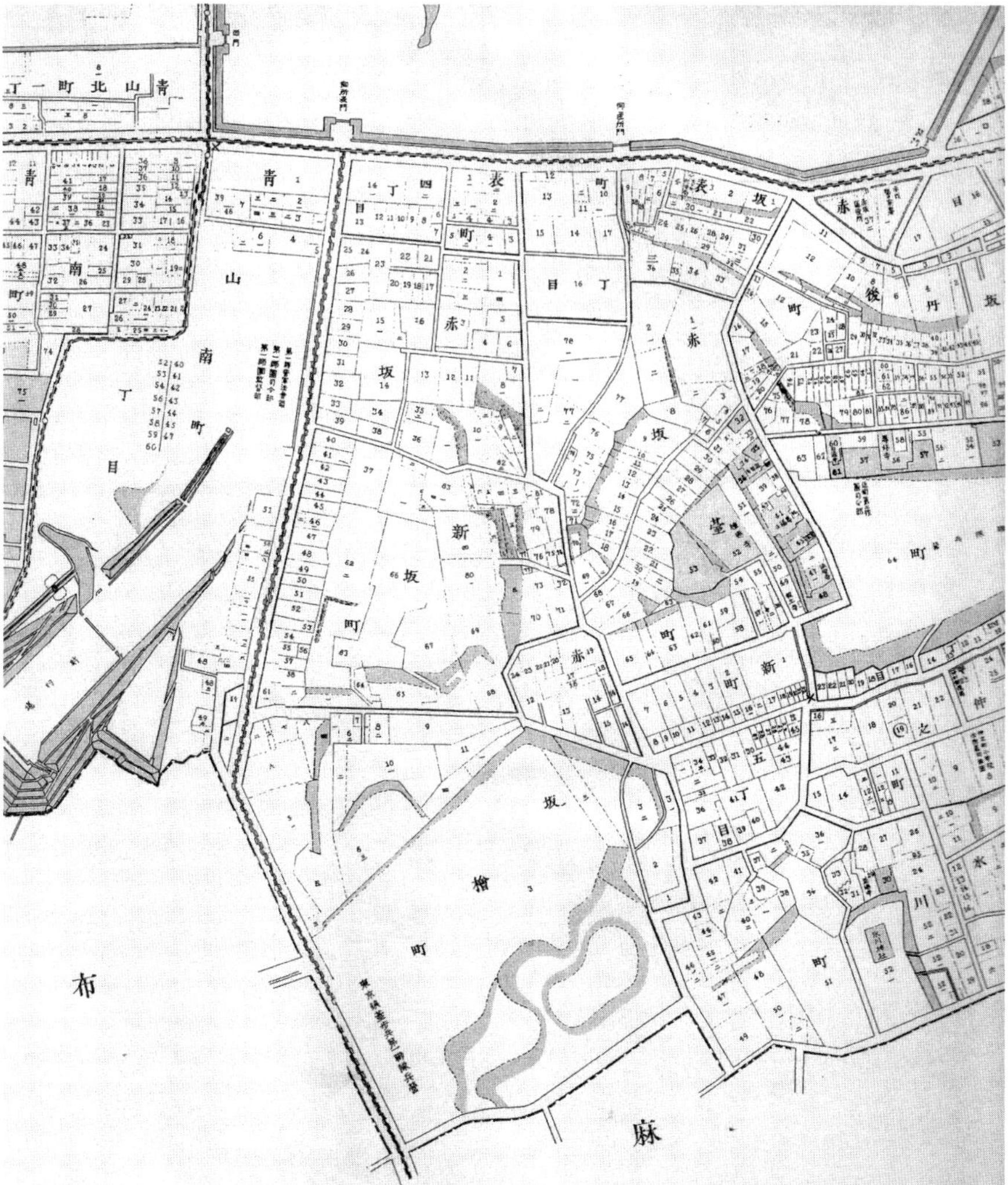

「東京市赤坂区全図（部分）」明治 40 年

を抜けて、青山墓地の東側を通る道には破線が引かれている。凡例には「電車工事中并予定線」とある。

　青山一丁目から南に延びる二本の電車線のうち、御所西門前方面から青山墓地の東側、霞町、広尾橋を抜けて、天現寺まで開通するのは明治三十九年三月三日のこと。また、御所表門から一聯隊前を通り、六本木まで開通するのは、明治四十五年（一九一二）六月七日となる。

　御所表門から六本木方面へ延びる途中には、カギ字に右、左に曲がらない真っすぐの道が完成している。電車線路と同様、工事中また計画線か。それとも道路は完成していて、電車線路が予定線・工事線なのか。日枝神社方面からの道は、新しい電車通りと交差してカギ字まで通じている。

　地図の枠外には赤坂区の戸数三千五百七十三戸、人口三万四千七百四十四人と示されていた。ちなみに百十四年後の平成三十一年（二〇一九）一月一日現在、赤坂地区総合支所管内の人口は三万七千二百六十二人、世帯数は二万千二百六十八世帯となる。

▽明治四十年（一九〇七）「明治40年1月調査　東京市赤坂区全図」大倉書店

　この時期、赤坂見附から青山方面と、御所西門前方面から青山墓地の東側を南下する電車線は営業しているが、御所表門から六本木方面へ延びる線が開通するのは、もう少し先の五年後となる。

　日枝神社からの道が丁字につながる手前、途中のぼり方向に向かって太くなっているが、もしかして坂の部分が幅広くなったのかもしれない。一ツ木町の近衛第三連隊兵営の左上隅に「近衛第二旅団司令部」ができている。

▽大正十年（一九二一）「東京市赤坂区全図」川流堂　東京遞信局

　乃木希典夫妻が亡くなって九年。確認したなかでは、唯一の大正時代の地図となる。乃木坂のまわりを走る三本の電車線は、全て開通している。

　日枝神社からの道（赤坂通り）と電車通りが交差する右上角の敷地が、線で区切られ「乃木公園」があり、その北側は旧乃木邸でなく「乃木邸」となっている。

「乃木公園」右辺には参道が沿い、奥に「乃木神社敷地」の文字がみえる。

カギ字道の西側、青山南町一丁目に陸軍の施設ができている。北側青山通り寄りに横書きで「麻布連隊区司令部」、その下に縦書きで右から「第一師管軍法会議」「第一師団司令部」「歩兵第一旅団司令部」「歩兵第二旅団司令部」が並んでいる。一ツ木町の近衛歩兵第三連隊の左端には「近衛第二旅団司令部」がみえる。

▽昭和四年（一九二九）『五千分之一東京市地図「第十五図」』内山模型製図社

縮尺が大きく精密に描かれているが、なぜか電車線が省かれ、一本も敷かれていない。

赤坂通りは日枝神社下から西へ乃木坂、そのまま補助5号線となり、真っすぐ青山墓地を横切るまで、一点破線の道が延びている。確認した地図では、青山墓地へと抜ける道が初めて計画線として表れる。日枝神社下から乃木坂までの道はすでにあり、その上での破線となる。道幅を広げる計画を示しているのかもしれない。

3　乃木坂周辺の地図から

「東京市赤坂区全図（部分）」東京逓信局　大正10年

ほかにも、のちの外苑西通りや、青山通りから薬研坂をくだってのぼり、近衛歩兵第三連隊の西側から赤坂通りにつながるまでが、一点破線で引かれている。

町名と番地のほか、主な軍施設名称、主要施設名は記されているが、建物の輪郭はない。

▽昭和七年（一九三二）「東京市赤坂区地籍図」（『増補　港区近代沿革図集　赤坂・青山』）

地籍図だからか、かなり簡略化されて描かれている。道路と電車線、町境界線のほか、主要施設名称と一部の地図記号、あとは地番を示す数字のみで、書き文字も細かく白地図のようにもみえる。

作成者のこだわりか、珍しく坂名がいくつも付いている。たとえば、赤坂通りの北側に乃木坂（行合坂）をはじめ稲荷坂、三分坂、新坂、薬研坂、円通寺坂、丹後坂、弾正坂、牛鳴坂、九郎九坂、紀ノ国坂、権田原坂がある。また、赤坂通りの南側には桧坂、南部坂、饂飩坂、芋洗坂、流垂坂、道源寺坂、三谷坂、桜坂、霊南坂、江戸見坂、汐見坂、榎坂、葵坂があった。他の目印があまり落とされていないだけ、坂名が目立つ。

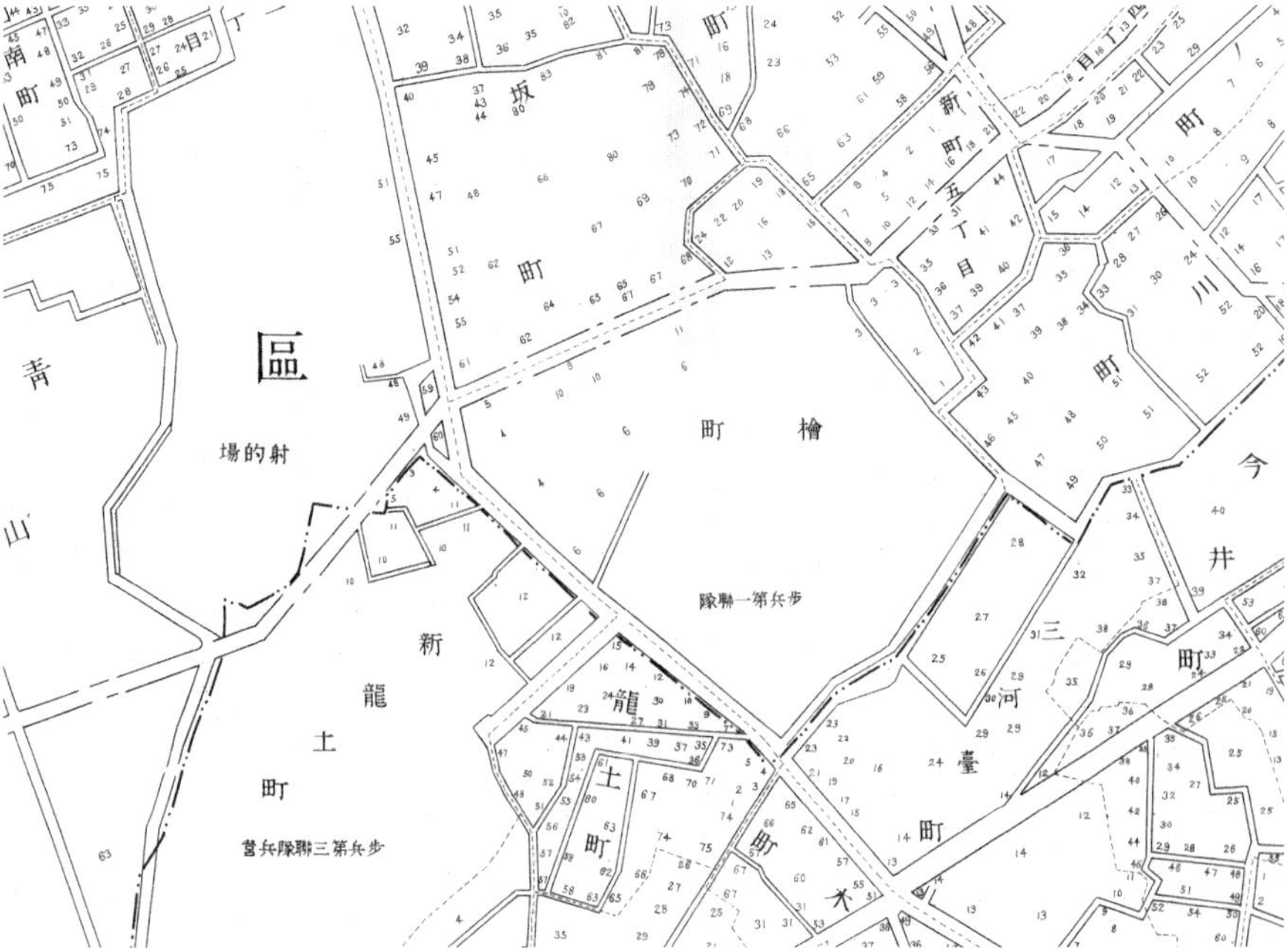

「第十五図（部分）」昭和４年

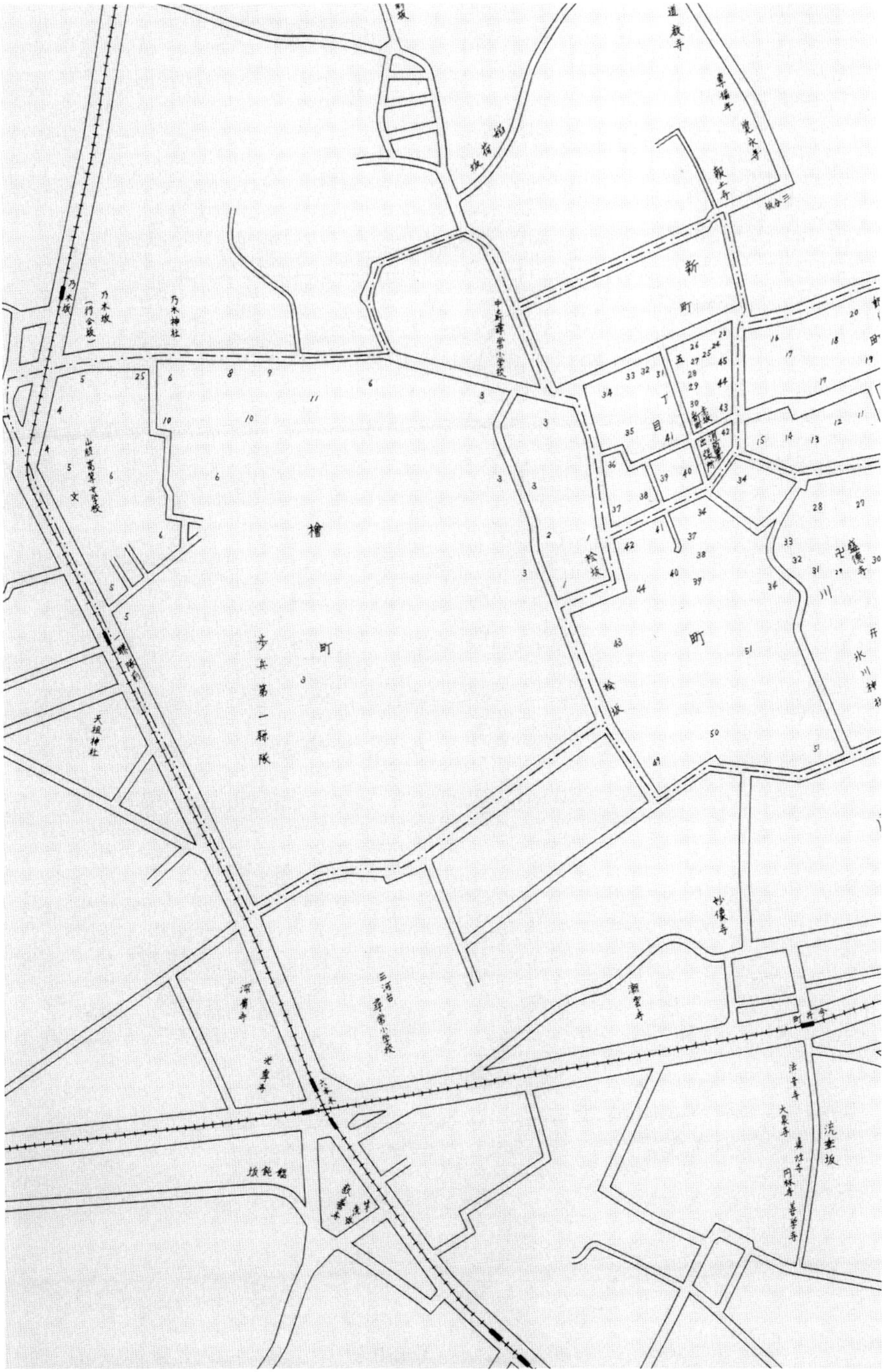

「東京市赤坂区地籍図（部分）」昭和７年　（『増補　港区近代沿革図集　赤坂・青山』）

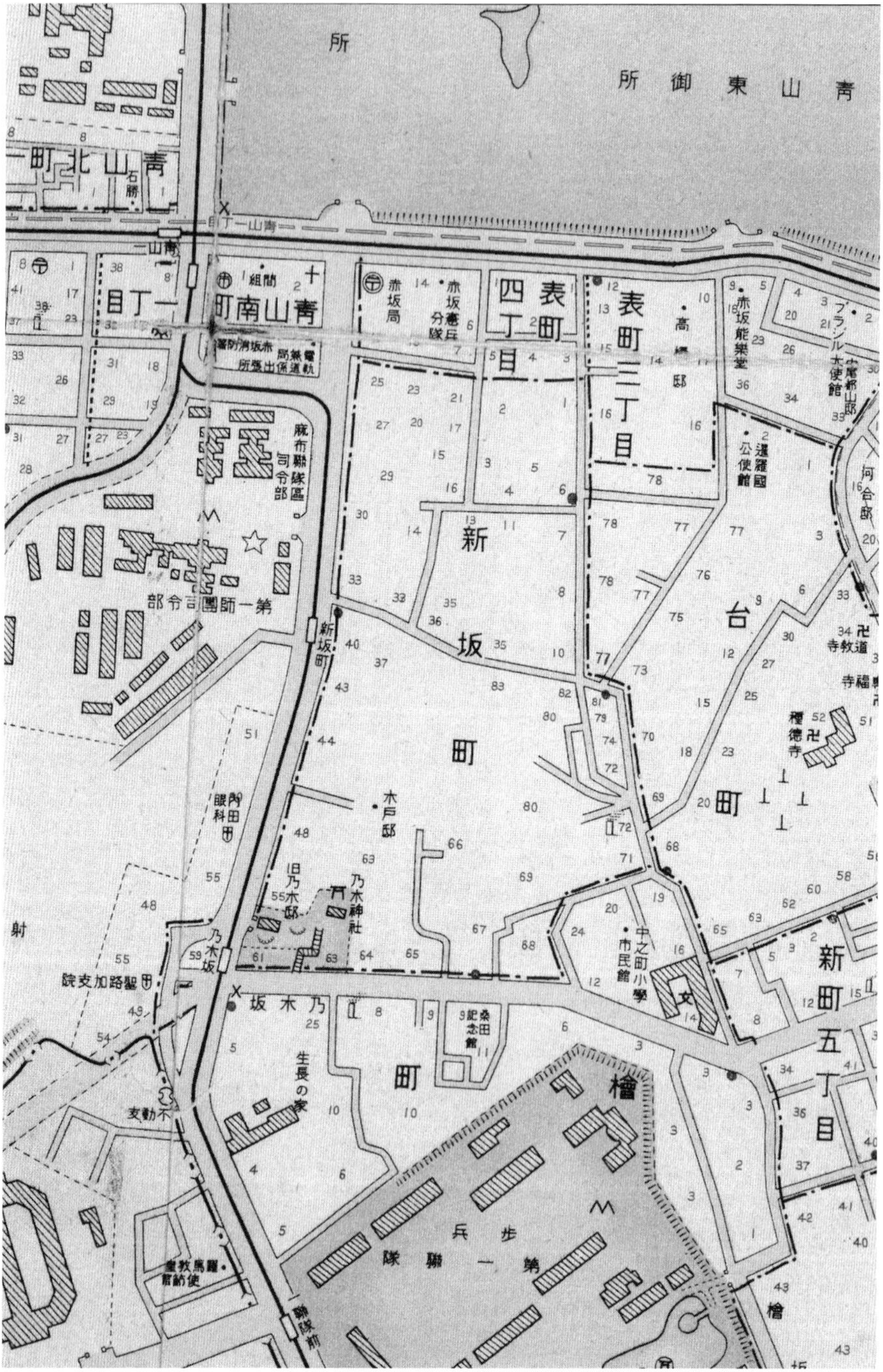

「赤坂区詳細図（部分）」植野録夫　昭和 12 年（『増補　港区近代沿革図集　赤坂・青山』）

▽昭和十二年（一九三七）「赤坂区詳細図」植野録夫（『増補　港区近代沿革図集　赤坂・青山』）

これまでの地図には道路や鉄道線路のほか、多くの施設が記されていた。なかには国家機密となる軍事施設も多くあり、非常時には、まっ先に標的にされてしまう恐れがある。そこで陸軍は地図に手を加え、重要な施設を省き、建物の輪郭を変えた。

ただ問題もあった。重要施設を消すと、広い空き地が不自然にできて、逆に目立つ。そこで空白にするだけでなく、茶畑や果樹園などの記号を置いてごまかした。

重要な施設の情報隠しは、明治三十二年（一八九九）公布の軍事機密保護法により正当化された。昭和十二年八月十四日に、軍事機密保護法が全面改正され、地図で省略する範囲が広がり、刑罰が強まった。すると、それまでの地図の描き方が一変、軍事関係の施設だけでなく、鉄道の駅や港湾、造船所、発電所、貯水池、浄水場などの施設も省略する対象になった。結果、大都会の真ん中が畑だらけになった。さらに十月十八日には、大日本帝国陸軍陸地測量部による「参謀本部地図」の発売、頒布が禁止となった。

法律は一般に入手できる地図にも適用され、終戦まで続いた。

3　乃木坂周辺の地図から

そんな昭和十二年に発行されたにもかかわらず、多くの施設をはじめ、道路、鉄道線路のほか、道路の計画・予定線が普通に記されている。軍施設や公共施設、学校や公園、神社仏閣、教会はもとより、大使館や公共施設、病院、銀行から名士邸宅など、細かに付いている。これまでの地図となんら変わりがない。

軍事関連施設では、歩兵第一連隊をはじめ、第一師団司令部、麻布連隊区司令部、赤坂憲兵分隊などの文字が、建物の輪郭とともに鮮明に描かれている。

電車通りと赤坂通りの交差点の右上角が囲われ、違う色が付いている。電車通りに沿って門があり、建物を示す四角と「旧乃木邸」の文字がある。また、赤坂通り側からはカギ字の参道、その先に四角の建物、奥には神社を示す記号と「乃木神社」の文字がある。

旧乃木邸と乃木神社の向かい、丁字交差点の右下角に、昭和七年（一九三二）の地図にはなかった交番の地図記号「X」が付いていた。

また、赤坂通りから外苑東通りの突き当たりには、射的場を背にして「聖路加支院」ができている。

丁字交差点の交番の右側に「乃木坂」の文字がみえる。「乃」の右側、路地を挟んで煙突を示す記号があるが、この地図では浴場を表している。また、施設の位置を示す黒丸より大きめの丸はポストを示している。たとえば丁字交差点の交番の下や、新坂町停留場の右上、桑田記念館の向かいなどにある。

広い青山霊園のなかには、目印となる五つの墓碑「畝傍鑑員弔魂碑」「常陸丸殉難者墓」「警視庁墓地」「大久保利通墓」と合わせて「乃木希典墓」があった。

道路関係では、乃木坂と電車通りの交点から、左下の青山霊園の東側に沿う電車線に向かって、太い破線の計画線が延びている。また、青山一丁目から青山霊園の東側に沿って霞町の交差点まで、のちに環状3号線となる計画線が、射的場の土塁にかぶさりながら、なめらかに延びている。併せて、電車の専用軌道が、計画線の上に敷かれていた。

さらに、外苑東通りのカギ字の南側、丁字交差点から東に向かって日枝神社方面へ、途中の「中之町小学・市民館」の手前は丁字に分岐しているはずなのに、道なりの実線がきれいに延びている。まだ予定線のはずだが、竣工しているものとして描かれているのだ。

昭和十二年の地図なのに細かすぎるのは、法律が公布される前に作られた地図だから、ではすまされない感じもする。

▽昭和十六年（一九四一）「大東京区分図　三十五区之内赤坂区詳細図」日本統制地図株式会社

日本軍がマレー半島に上陸し、ハワイの真珠湾を攻撃して太平洋戦争が始まる年。丁字交差点の右上角に旧乃木邸、乃木神社があり、右下角には「X」記号の交番がある。

地図を広く見まわしてみると、先の軍事機密保護法を反映して、軍施設の名称や建物が、きれいさっぱり消え、変わりに道が敷かれている。広い範囲で何もないのが不自然に思えてならない。

さらに、昭和十二年（一九三七）の地図と同じく、赤坂通りと青山霊園を横断する道をつなげる計画線や、青山霊園の東側で南北に延びる計画線は、鮮明に組み込まれている。予定や計画は筒抜けとなっている。

▽昭和二十二年（一九四七）「東京都区分詳細図　港区」日本地図株式会社

戦後の地図となり、軍の施設がきれいになくなっている。その変わり、跡地が赤い「★」印で示され、地図記号の凡例には「進駐軍使用土地及建物」とある。檜町の歩兵第一連隊の兵営をはじめ、新龍土町の歩兵第三連隊の兵営、一ツ木町の近衛歩兵第三連隊の兵営の敷地はもとより、外苑東通りと青山霊園にはさまれた陸軍用地も「★」となっている。北寄りには「罹災者収容所」とあり、射的場の表記もなく「★」印に変わっている。

赤坂通りが外苑東通りにつながる、右上角の外苑東通り沿いに、旧乃木邸の文字と建物を示す四角がある。赤坂通りから階段の参道があり、乃木神社の文字と地図記号がある。赤坂通りのなかには、乃木坂の文字が入っている。文字の下で地形を表すケバが交差し、乃木坂が坂道であることを示している。

3　乃木坂周辺の地図から

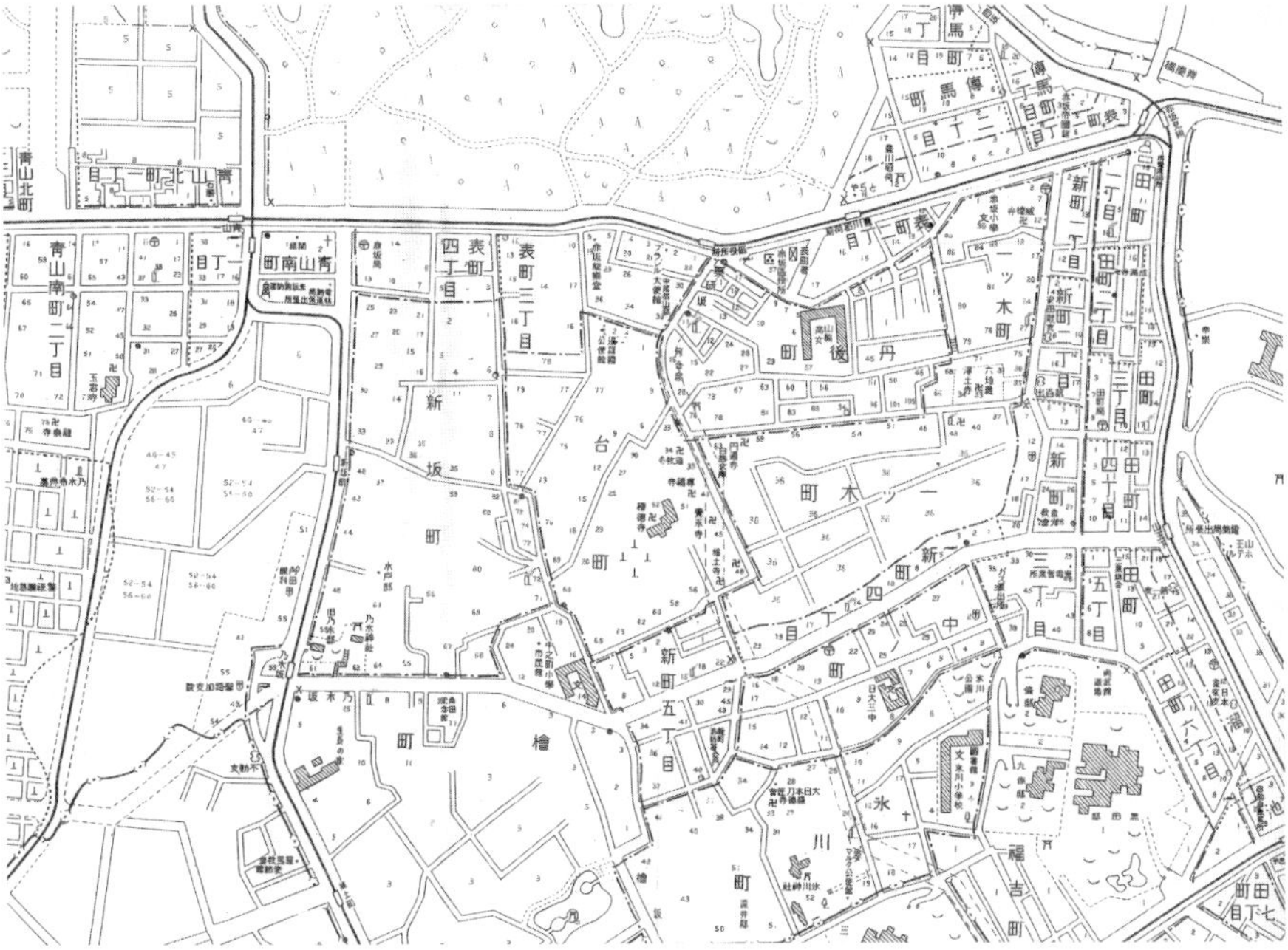

「赤坂区詳細図（部分）」昭和 16 年

もともと青山霊園の東側に沿う電車線路は、射的場に沿って墓地に食い込んで走っていたが、射的場がなくなったことで迂回せず直線に通っている。射的場の食い込み跡と、新しい電車線の道路によってできた空白の三角地帯には、のちに青山斎場ができる。

ここにきて二本の道路が計画された。これまでは乃木坂が電車通りにつながり、そのまま左下の青山霊園の東側に沿う電車線に向かって計画線が延びていたが、若干南にずれて、六本木方面からの外苑東通りが、カギ字道と分岐する辺りから、西の青山霊園に向かって延びる形に変わっている。

また、信濃町方面からの外苑東通りが、青山霊園東側の環状3号線と分岐するときは、青山一丁目交差点先の青山ツインビル裏で、左と右に二回曲がることになる。それが曲がらなくてもすむ「入」字形の道に計画されている。

ここで一つ。大きな問題が発覚した。

赤坂通りはこれまで同様、外苑東通りと真っすぐ丁字の形につながっている（A1）。にもかかわらず、

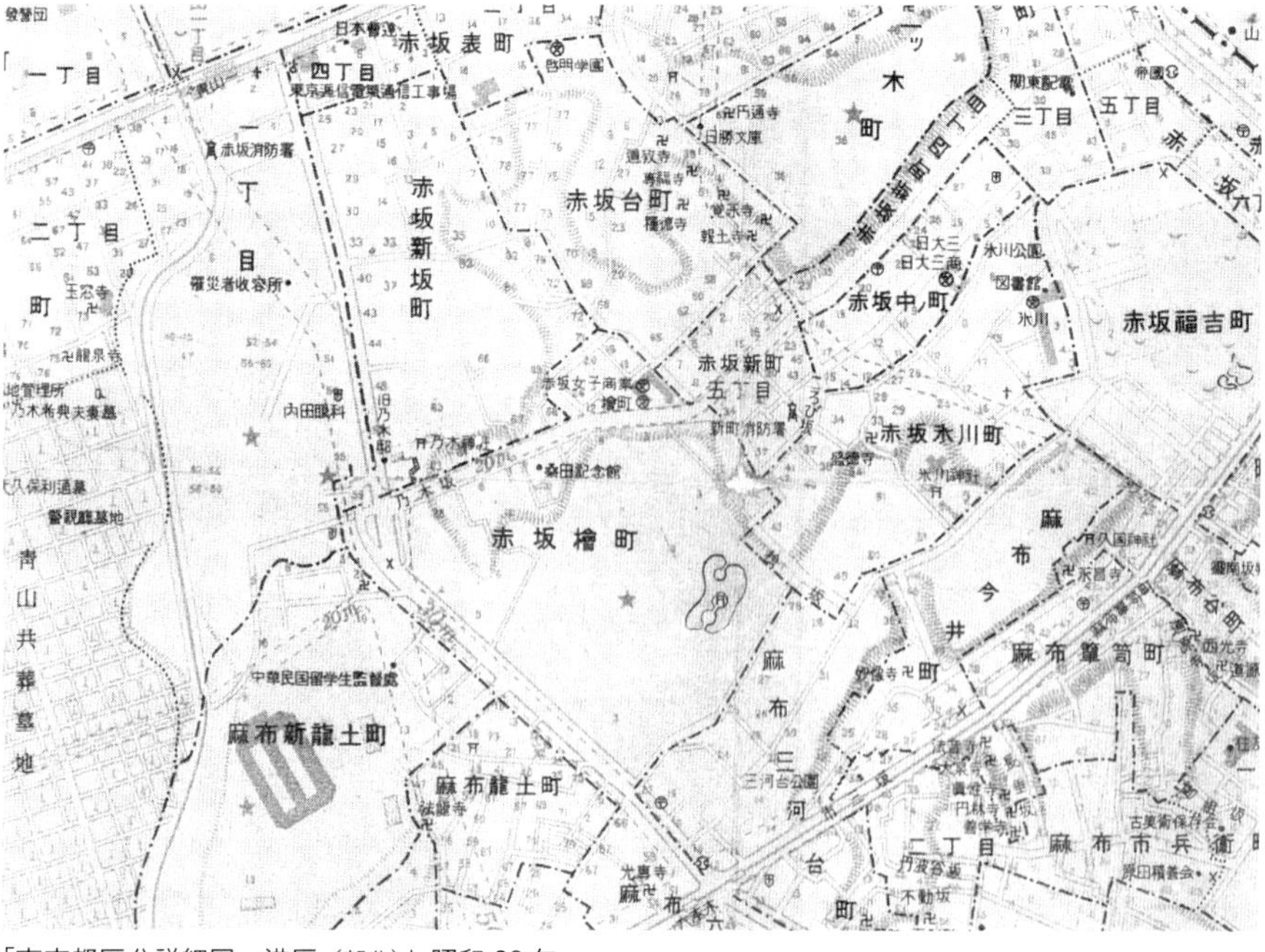

「東京都区分詳細図　港区（部分）」昭和 22 年

つながる直前で左に分岐する道がある。道は外苑東通りに沿って六本木方面に南下し、少しして外苑東通りに合流しているのだ（B1）。

　赤坂通りが外苑東通りとつながる直前ということは、かなり坂の上となろう。その坂上から左に分岐する道が、たとえば坂上と同じ高さのまま外苑東通りに沿って道を造っても意味はない（B2）。抜け道を作らなければいけない理由も見当たらない。

　また、現在のような形になる結果を想定してみる（C1）。直進する坂をすべて崩し、外苑東通りの崖下直前で左へ曲がり、外苑東通りに沿って坂道をのぼると、外苑東通りにつながる。しかしこの場合、赤坂通りの正面真っすぐに、外苑東通りへはつながらない。左に曲がってから外苑東通りにつながる道と、真っすぐ坂をのぼり外苑東通りにつながる道は、共存するはずはない（C2）。

　恐らく直進する坂道と、左に曲がる坂道が混同した結果と思われる。実際にはあり得ないにもかかわらず、この形の地図がこののちにもたびたび登場する。

　後述もするが、昭和三十三年（一九五八）の地図で

3　乃木坂周辺の地図から

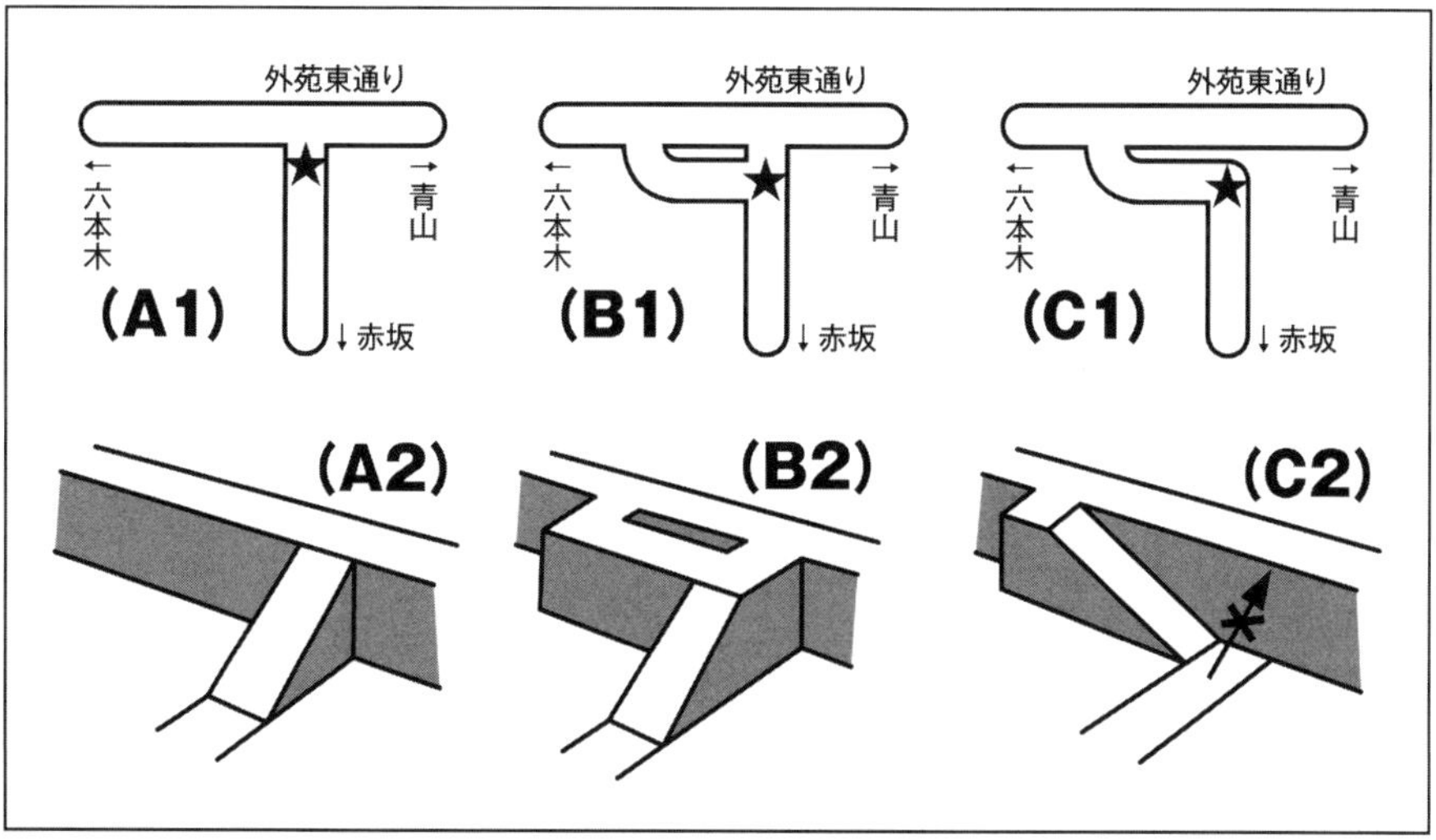

平面の地図から立体を想像してみる。（F）

現在の形におさまる。赤坂通りは真っすぐ外苑東通りにつながらず、直前で左に曲がり、そのまま外苑東通りに沿って坂をのぼって、外苑東通りに合流するのみの形になる。本当は昭和二十二年の地図の時点で、この（C1）状態でなければいけないのだ。

交番の「×」が、赤坂通りが左に曲がってから外苑東通りに合流する内側（右側）の端に移動している。

青山一丁目から分岐して、外苑東通りを南下、旧乃木邸の前から六本木方面に延びていた電車線路がなくなっている。青山一丁目と飯倉一丁目の区間で、戦時中のある時期から、昭和二十二年（一九四七）九月一日までの、運転休止を反映させたのかもしれない。

▽昭和二十二年（一九四七）東京三千分一図「27号ノ8 赤坂」「35号ノ2 赤坂南部」日本地形社

もう一枚、昭和二十二年の地図がある。

縮尺が大きく精密に描かれている。等高線、電車線路、主要施設建物の輪郭がはっきり表されている。前の「東京都区分詳細図　港区」とは違い、実際の昭和

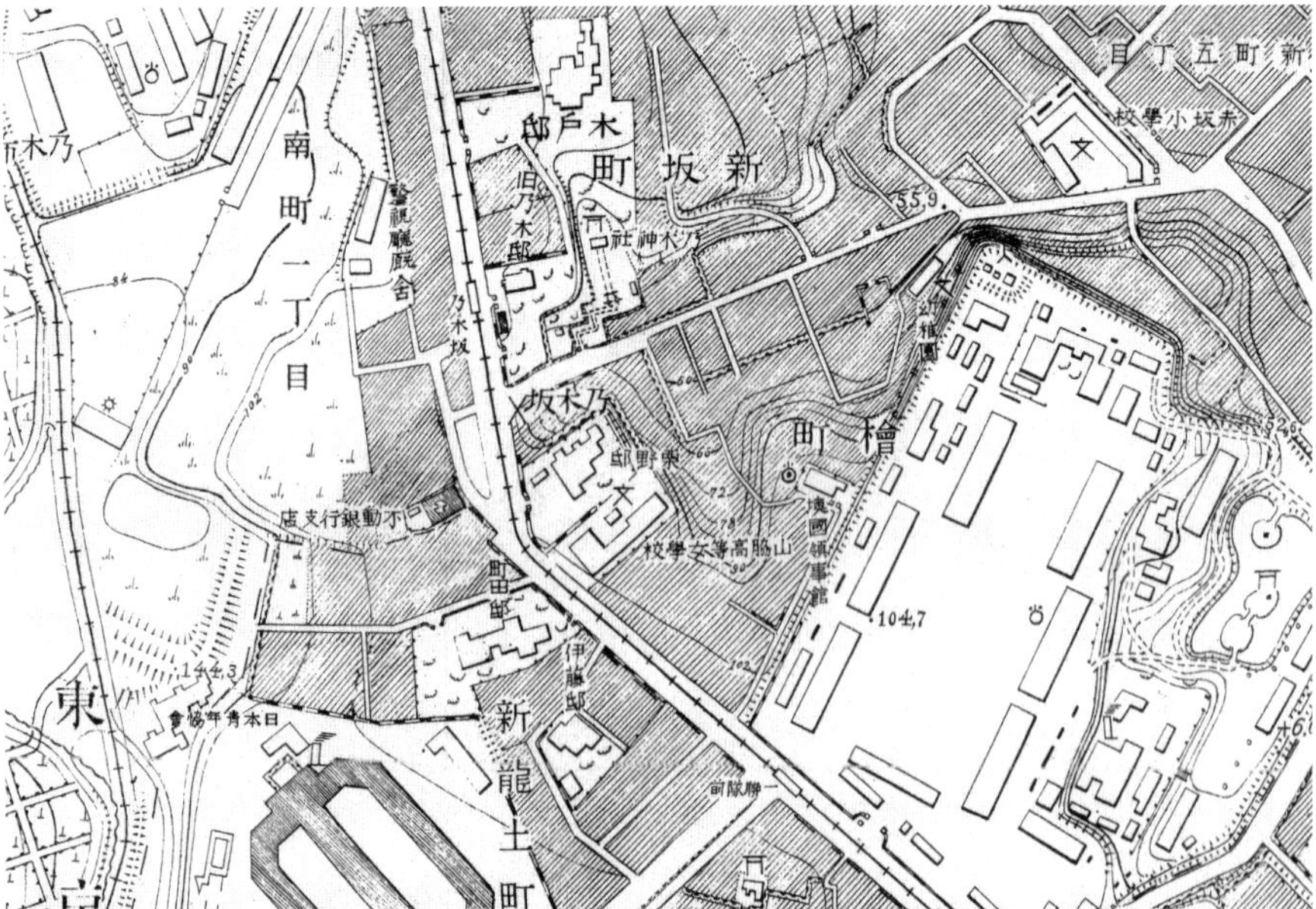

「赤坂南部（部分）」昭和 22 年

二十二年により近い感じとなろうか。

ただ、赤坂通はこれまでと同じに真っすぐ丁字の形で外苑東通りにつながるだけ。交番の記号「X」は、丁字交差点右下の角、昭和十二年（一九三七）の地図と同じ位置にある。また乃木邸前の電車線路も、ちゃんと敷かれている。

赤坂通りが外苑東通りにつながる丁字の手前、途中から左側に幅広くなっている。坂の部分かもしれない。丁字につながる手前に右書きの「乃木坂」があり、坂の途中から乃木神社への参道をカギ字に進むと鳥居が建ち、奥に拝殿、本殿がひかえる。赤坂通りが外苑東通りと交差する北側に電車の乃木坂停留場があり、東側目前に旧乃木邸への門がある。門から左前方に旧乃木邸の輪郭が浮き出て、外苑東通りに沿ってレンガ造りの馬小屋が建つ。その北側には木戸邸が建ち、乃木坂をはさんだ南側には栗野邸、山脇高等女学校が建つ。

赤坂通りが西進する途中、丁字交差点の手前で幅広くなる位置から、南に分岐する路地がある。路地は、くねくねしながら旧歩兵第一連隊に突き当たり、敷地に沿って外苑東通りへ抜ける。ちょうど旧歩兵第一連隊への突き当たり、右に曲がる左角に「墺国《オーストリア》領事館」がみえる。

電車停留場の名称に「一聯隊前」「三聯隊裏」が残っているが、「一聯隊前」は昭和十六年（一九四一）頃に「竜土町」へ、また「三聯隊裏」は昭和十五年頃に「墓地裏」へと改称された。

▽昭和二十九年（一九五四）「港区詳細図」読売新聞（内山地図株式会社）

▽昭和二十九年（一九五四）「東京都区分詳細図　港区」日地出版株式会社

カラーの二種類の地図を、合わせて比較してみる。二枚ともに、昭和二十二年の前述の地図と同じく、赤坂通りは外苑東通りとつながりながら直前で左に分岐している。分岐した道は外苑東通りに沿って南下し、少しして外苑東通りに直交する。

赤坂御用地には大宮御所、青山御所、青山東御所、秩父宮邸、赤坂離宮があり、昭和二十三年六月、いまの迎賓館を仮庁舎として開館した国立国会図書館がある。

3　乃木坂周辺の地図から

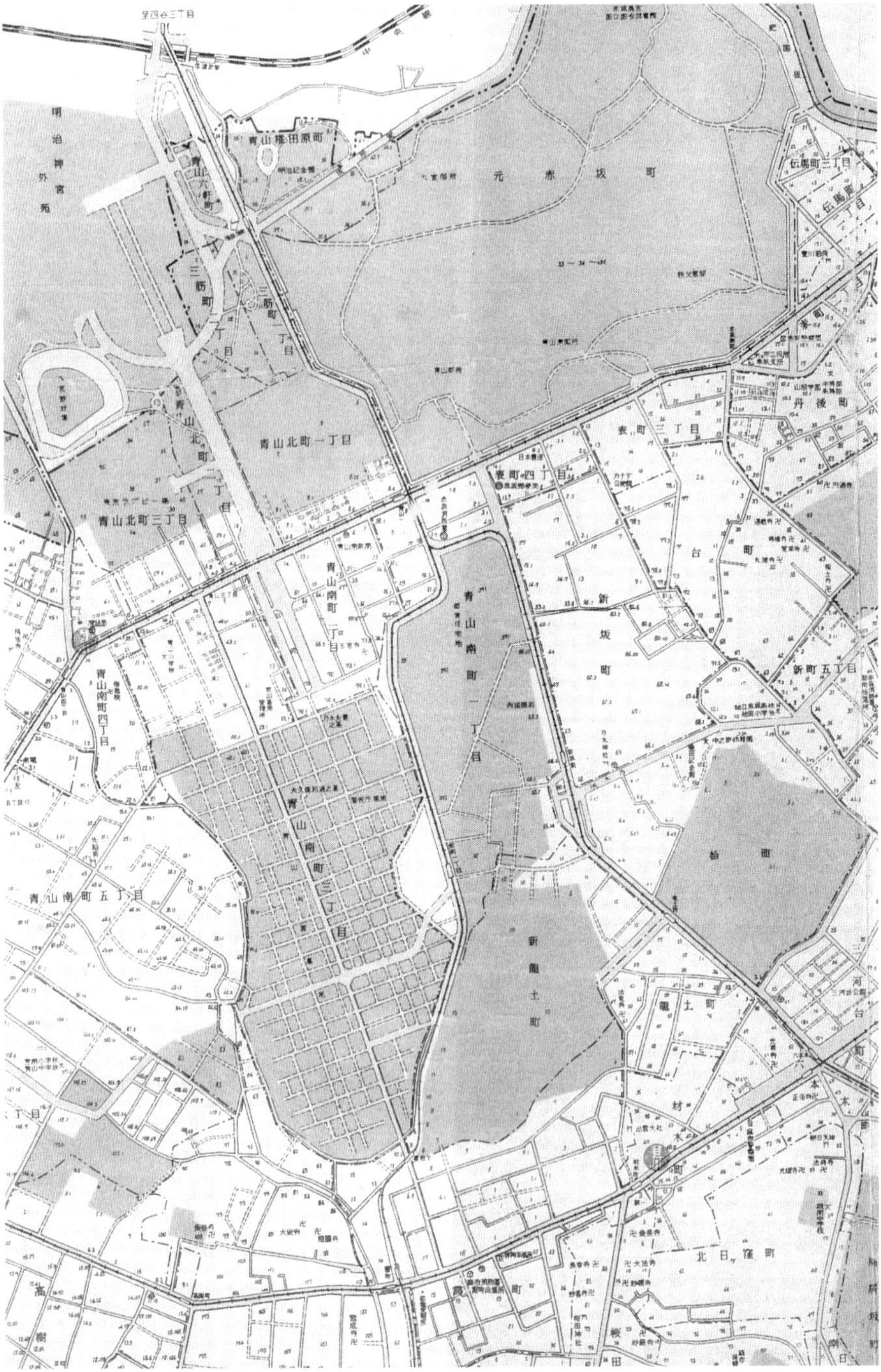

「港区詳細図（読売新聞）（部分）」昭和 29 年

　乃木坂周辺をみると、日地の地図では新坂町の停留場、旧乃木邸、乃木神社、乃木坂の文字がみえるが、読売の地図には旧乃木邸がない。

　また、日地の地図では明治神宮外苑が、ほぼ完成されている。目印に明治天皇御葬場殿跡、絵画館、プール、競技場、相撲場、野球場、東京ボウリングセンター、秩父宮ラグビー場、日本青年館、明治記念館、陸大アパート士官宿舎が見える。

　しかし、読売の地図では、まだ工事のまっ最中で、文字は神宮野球場、東京ラグビー場と明治記念館のみ。ただ、聖徳記念絵画館から南に延びる銀杏並木が、青山通りを通り越して、青山霊園の一区画手前まで延びている。実際に、いま青山通りの南側に銀杏並木の通りは延びていない。

　赤坂御用地や、青山霊園、軍関係施設の跡地などが黄緑色に塗られている。また、青山通りの南側で、外苑東通りと青山霊園にはさまれた、青山南町一丁目と新龍土町が、広く黄緑色に塗られ、北側には都営住宅地とある。

3　乃木坂周辺の地図から

　日地の地図には、南側の麻布区新龍土町と、檜町の旧歩兵第一連隊の敷地にハーデイ・バラックの文字があるが、読売の地図にはない。

　軍関係の施設はもうないと強調している感じだ。二年後の昭和三十一年七月、経済企画庁は「経済白書」のなかに「もはや戦後ではない」と記述した。

（4）高度成長期から現代まで

　明治時代から、大正、昭和戦前、戦後にかけての乃木坂を中心とした周辺の変遷をみてきたが、全体的に地図の数が少なく、特に大正時代、戦時中の地図が極端に少ないのが悔やまれる。

　続けて現在の形に落ち着くまでの、乃木坂を中心とした道路の変遷や、まわりを取り巻く状況が、どのようにたどってきたのかを探ってみる。

　主に港区の一般地図と「住宅地図」、『増補　港区近代沿革図集　赤坂・青山』や『新修港区史』の付図を合わせて紐解いてみる。赤坂通りが外苑東通りをくぐってから、青山霊園の東側に沿う環状3号線を跨ぐまでの間が大きく動くことになる。

▽昭和三十三年（一九五八）「東京都23区別　集成用基本図　港区」日本地図株式会社

縮尺が小さく、乃木坂を中心に浜松町駅から千駄ヶ谷駅までが、複写したA３の紙に収まる。

昭和二十九年（一九五四）の地図では、赤坂通りは外苑東通りとつながりながら直前で左に分岐した道が、外苑東通りに沿って南下する道となり外苑東通りに直交していた。それが赤坂通りは、真っすぐ外苑東通りにつながらず、外苑東通りの直前で左に曲がり南下して、少ししてから外苑東通りと直交する、現在の乃木坂の形になる。

ただ、まだ乃木坂陸橋も乃木坂トンネルもなく、赤坂通りからの正面は外苑東通りの下で、突き当たりは崖あるいは壁となる。以降、基本的に真っすぐつながることはなくなる。

交番を示す地図記号「X」は、赤坂通りが外苑東通りに合流する地点の、右カーブ左側（外側）にある。確認したなかで交番がカーブの左側（外側）に示されるのはこの地図だけで、ほかの地図では、すべてカーブ右側（内側）の端にある。もしかして誤表記か、印刷のズレかもしれない。

赤坂通りが外苑東通り直前で左に曲がってから、外苑東通りと直交するまでの間に二本の等高線があり、道が坂になっていることを表している。

赤坂通りが左に曲がる周辺には新坂町、乃木神社、乃木坂の文字が付いている。乃木坂の途中から、乃木神社への参道が細く延びている。檜町の大半となる、旧歩兵第一連隊の敷地は「旧ハーディ・バラックス」となっている。

地図が発行されたこの年、歩兵第一連隊跡地や歩兵第三連隊跡地が、日本政府に返還された。二年後の昭和三十五年一月には、防衛庁本庁が檜町に移転してきて、市ヶ谷駐屯地檜町分屯地が設置されることになる。

▽昭和三十四年（一九五九）「住宅地図」

地図は実際の地形に則していない。滑らかさがなく、ぎっちり縦、横、斜めの直線だけの形にデフォルメされ詰め込まれている。味わいはあるのかもしれないが、

3　乃木坂周辺の地図から

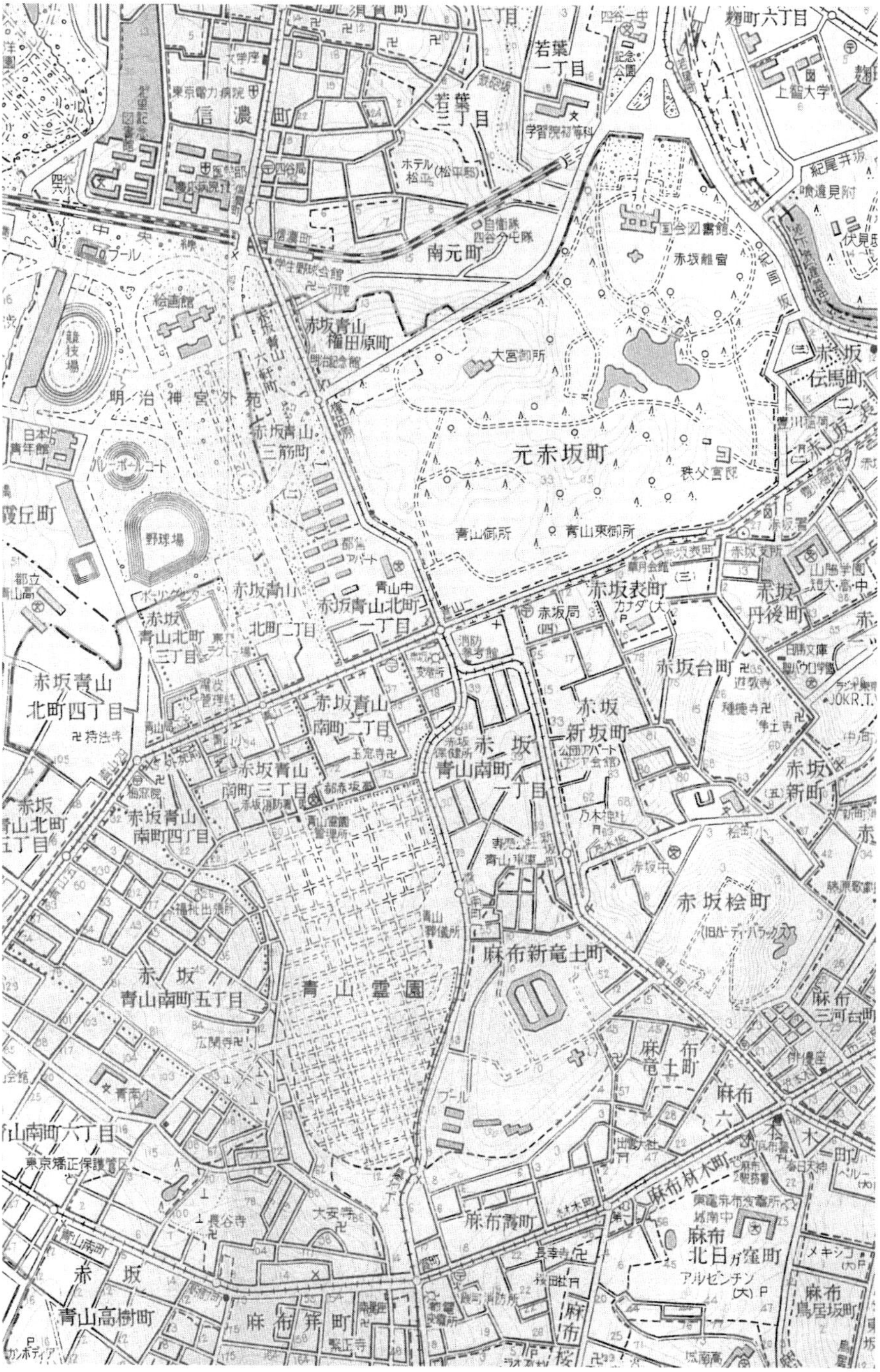

「東京都 23 区別　集成用基本図　港区（部分）」昭和 33 年

実用性には乏しく分かりづらい。

檜町の歩兵第一連隊兵営の敷地には、英語で「US ARMY Head guarter」とある。また、新龍土町の歩兵第三連隊の敷地には、英語で「HA (R) DY BARR (A) CKS US ARMY」とある。訳すと「アメリカ陸軍ハーディ兵営」とでもなろうか。

赤坂通りは、真っすぐ外苑東通りにつながっているだけで、直前で左に曲がる道はなく、昭和二十二年（一九四七）以前の地図と同じになる。乃木坂近くには右上角に乃木神社があり、その上に旧乃木邸があるが乃木公園はない。外苑東通りの電車線に四角い新坂町停留場があり、昭和七年（一九三二）の地図にあった警視庁厩舎が、「警視庁騎馬隊」となっている。

▽昭和三十六年（一九六一）「昭和35年当時の港区」東京地図社

青山一丁目の交差点から、南へ延びる外苑東通りの乃木公園までの間には、大使館や領事館が点在している。ブラジル大使館、ハイテイ共和国総領事館、ナウル共和国領事館、バングラデシュ大使館。さらに赤坂通りに曲がって、乃木神社の斜め向かいに、ウルグアイ大使館、イエメン大使館がある。

赤坂檜町にあった歩兵第一連隊兵営跡地に防衛庁ができ、麻布新龍土町にあった歩兵第三連隊兵営跡地に、東大生産技術研究所ができている。また、赤坂一ツ木町にあった近衛歩兵第三連隊跡地に、東京放送（ＴＢＳ）ができている。東京放送が赤坂一ツ木町に移転してきたのは、昭和三十年（一九五五）四月で、防衛庁が赤坂檜町にやってきたのは、昭和三十五年一月のこと。しかし、東京大学生産技術研究所が麻布新龍土町にできるのは、昭和三十七年で、もう少し後になる。

この時期、青山霊園を横断する道が、実線で根津美術館まで延びている。ただ、青山霊園の西辺を走る通りと立体交差する青山橋ができるのは、まだ先の昭和三十九年（一九六四）七月となる。

▽昭和三十七年（一九六二）「住宅地図」

赤坂通りは、外苑東通りに突き当たり左に曲がるだけで、真っすぐにはつながっていない。左に曲がった道は外苑東通りに沿い、途中、左にふくらみＳ字を描きながら外苑東通りと合流する。合流する右側の植え込みに「乃木坂巡査派出所」がある。

赤坂通りの乃木神社前辺りから、左に曲がらない独立した細い道が、そのまま外苑東通りにつながっている。歩行者は車道に沿った歩道を通らなくても、直進で坂上の外苑東通りに行くことができるようになる。

また六本木方面から旧カギ字道と外苑東通りが分岐する地点と、外苑東通りから乃木坂に分岐する地点のちょうど中ほどから、南西方向に延びる路地がある。路地に沿って破線の補助5号線が延びて、青山霊園の東側に沿った電車道とつながろうとしている。のちの乃木坂トンネルとなる計画線だろう。

赤坂檜町にあった歩兵第一連隊の兵営は、防衛庁本庁となり、市ヶ谷駐屯地檜町分屯地が設置された。檜町の北側一部が赤坂区立赤坂中学校となり、ほか大部分が防衛庁と調達庁になっている。

調達庁は、占領軍の調達を担う公法人の特別調達庁として、昭和二十二年（一九四七）九月に発足。GHQが必要とする施設や設備の営繕、物資や労務の調達、管理などを業務とした。二十四年には法人から国の機関となり、二十七年（一九五二）に調達庁と改称、三十三年（一九五八）八月には防衛庁の機関に移管された。

地図から、防衛庁の敷地内に記されている名称をなぞってみる。

東京地連調達実施建設本部、内局及統合幕僚監部、海上航空幕僚監部、陸上幕僚監部、車庫、車庫詰所、警備班医務室、調達庁不動産部・労働部、調達庁総務部、調達局総務部、調達局事業部・不動産部、調達局総務部・不動産部、調達庁倉庫・車庫、陸資材統制隊、海幕需給統制隊、ボイラー室、PX、空幕補給統制処、図書室、桧町業務隊、調本試験所、中央会計隊・資材隊、変電所がある。防衛庁の要衝が収まっている。

ほかにも医務室、労働組合事務所、護国神社、池、倉庫、物置、テニスコート、重油タンク、油脂庫などの施設や建物が並んでいる。

▽昭和三十八年（一九六三）「住宅地図」

昭和三十四年の「住宅地図」と同じに、実際の地形に則していない。縦、横、斜めにまとめられ、ぎっち

3　乃木坂周辺の地図から

り整然とつまっている。
ただ、赤坂通りは真っすぐ外苑東通りにつながらず、しっかり赤坂通りは外苑東通りの直前で左に曲がっている。左に曲がった道の先、外苑東通りと合流する右側（内側）の植え込みの端に「乃木坂交番」がある。

▽昭和四十年（一九六五）「住宅地図」

ほとんど昭和三十七年と同じだが、外苑東通りから南西方向に折れる、破線でできた補助5号計画線への入り方が変わり、青山一丁目方面から、南に向かう外苑東通りの道なりに、右にカーブしながら分岐する形となる。分岐する個所は昭和三十七年と同じで、カギ字道への分岐と、乃木坂への分岐の中ほどとなる。これでは、赤坂方面や六本木方面からは進入しづらくなる。

▽昭和四十一年（一九六六）「住居表示新旧対照案内図」
（『増補　港区近代沿革図集　赤坂・青山』）

建物の輪郭がない変わりに、道路が細かく記され、また、地図タイトルが示すように、新旧の町名と新旧の町界の比較ができる。新しく振られた街区番号、街区の角にあたる住居番号などが分かるようになっている。

この年の七月一日、赤坂地域に住居表示が実施され、旧乃木邸がある港区赤坂新坂町五五番地は、港区赤坂八丁目一一番三二号となった。

広くまわりを見渡すと、一ツ木町の近衛歩兵第三連隊兵営の敷地は「東京放送」に、檜町の歩兵第一連隊の兵営の敷地は「防衛庁」に、新竜土町の歩兵第三連隊の敷地は「東京大学生産技術研究所」になっている。外苑東通りと青山霊園にはさまれた陸軍用地は、住宅地となり、道の流れる方向が射的場の痕跡を残している。

射的場が食い込んでいた青山霊園の三角地に、青山葬儀所が設けられている。昭和二十年（一九四五）五月の空襲で施設が焼失し、戦後、二十八年十二月に、各方面からの要望が高まり再建された。

また、青山通りを走る三宅坂から赤坂見附、青山一丁目までの電車線が、昭和三十八年十月一日に廃止となり、渋谷方面への起点が、青山一丁目から改称した

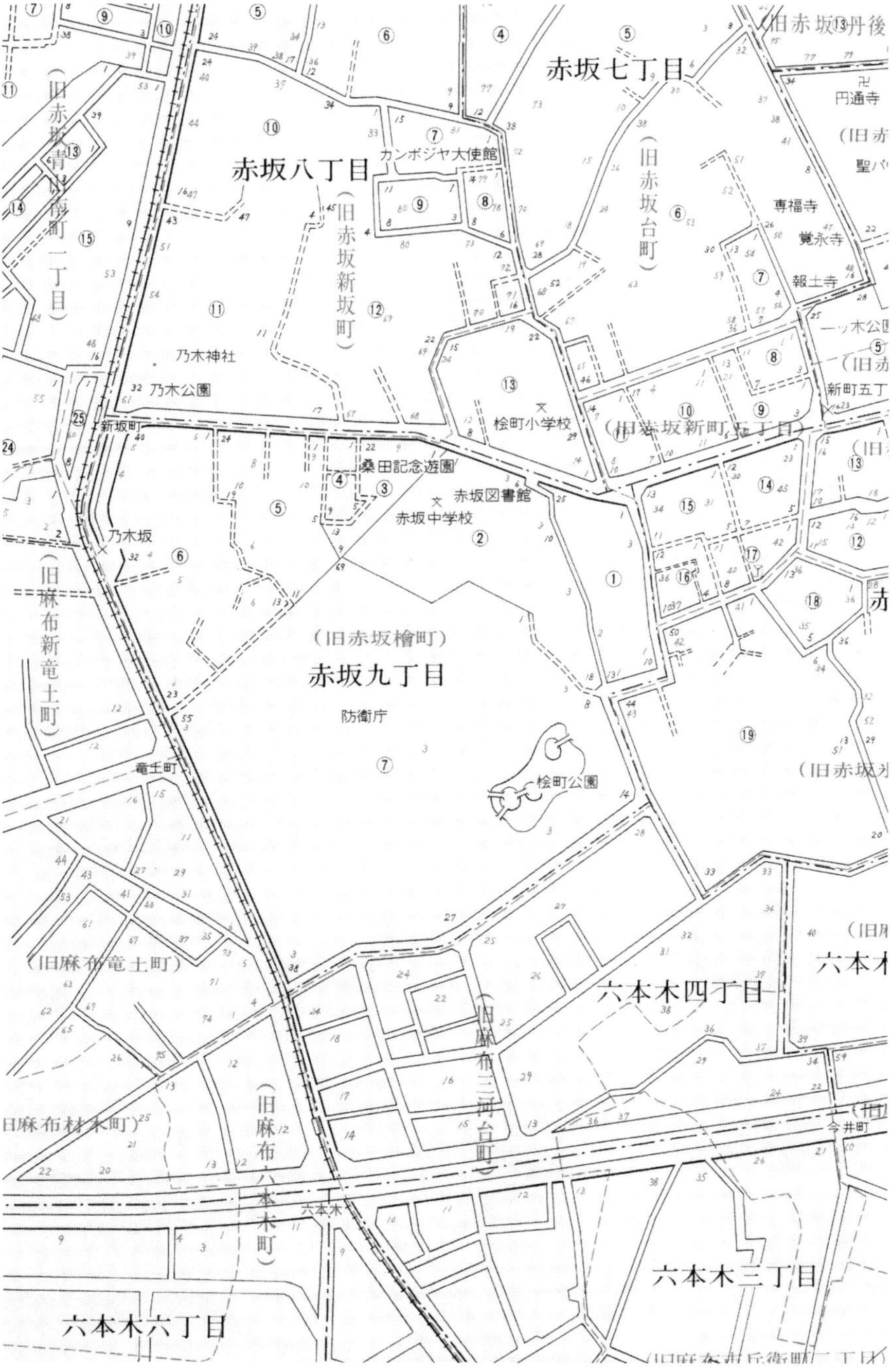

「住居表示新旧対照案内図（部分）」昭和 41 年（『増補 港区近代沿革図集　赤坂・青山』）

北青山一丁目となる。

▽昭和四十五年（一九七〇）「住宅地図」

昭和四十三年九月二十九日、青山通りの北青山一丁目（旧青山一丁目）から、渋谷までの電車線が廃止となった。さらに四十四年十月二十六日には、乃木坂の周辺を走っていた、二つの電車線が廃止となった。

◇青山一丁目から旧乃木邸前、六本木を通り浜松町一丁目まで。

◇四谷三丁目から青山霊園の東側、天現寺橋、古川橋を通って泉岳寺前まで。

青山一丁目から、南に向かう外苑東通りの道なりに右にカーブし、青山霊園の東側に沿う環状3号線につながっていた、補助5号の計画線がなくなっている。

▽昭和四十八年（一九七三）「住宅地図」

昭和四十七年の「住宅地図」では「乃木坂巡査派出所」とあったが、冠がとれて「派出所」のみとなる。

また昭和四十七年十月二十日、霞ヶ関と代々木公園の間に地下鉄千代田線が開通し、同時に乃木坂駅も開業した。地下駅への入り口が、乃木神社の一の鳥居の横と、赤坂通りが外苑東通りの手前で左に曲がる角、そして六本木方面から、旧カギ字道と外苑東通りが分岐する間の三ヵ所にある。

▽昭和五十一年（一九七六）「住宅地図」

昭和四十八年の地図にあった、赤坂通りから外苑東通りへの合流地点の「派出所」がなくなっている。それでは、実際のところ「派出所」は、いつなくなったのか。所管する赤坂警察署に聞くと、交番業務が廃止になったのは、昭和四十六年（一九七一）十一月二十六日で、四十七年に告示したとか。

では、業務が終了しているはずの交番が、四十八年の地図に載っているのはどういうことか。もしかして建物だけ残っていたのかもしれない。

昭和四十七年の地図ではまだ計画線で、トンネル東口側は、教運寺の南側から分岐する計画線の上に、英国大使館十四館をはじめ、戸建の住宅が建ち並んでいた。

それが昭和五十一年の地図になると、戸建住宅の一部がなくなり、マンションや駐車場に様変わりしている。カギ字道の途中から南西方向に延びる分岐道（補助5号線・乃木坂トンネルの上の道）は、教運寺の北側から分岐する形で立派にできあがっている。赤坂通りからそのままの流れで延びる感じとなるが、当時、赤坂通り正面つき当たりは、まだ外苑東通り下の崖あるいは壁のまま。

また、カギ字道からの分岐道は、環状3号線につながる手前五分の四ほどで袋小路となる。その先は、道の両脇から二本の細い歩道がトンネルに沿って延び、右側は環状3号線につながり、左側は環状3号線手前で階段になっている。

カギ字道と外苑東通りにはさまれた、三角地帯には「千代田線乃木坂入り口」の文字がみえる。

▽昭和五十四年（一九七九）「昭和53年現在の港区」東京地図社

歩兵第三連隊兵営があった麻布新龍土町には、東京大学生産技術研究所のほかにも、いくつかの施設が並んでいる。教運寺、聖コロンバン会、ソヴエト連邦通商代表部、タイ国商務官事務所、イギリス大使館婦人宿舎、東京大学物性研究所、日本放送協会駐車場、スターズエンドストライプス倉庫がある。

▽昭和五十五年（一九八〇）「住宅地図」

外苑東通りに「乃木坂陸橋」の文字が表れる。乃木坂陸橋の竣工は昭和四十九年（一九七四）三月で、トンネルは供用していないものの、陸橋としての機能は六年前から果たしている。

根津美術館方面からの補助5号線が、青山霊園を横断し環状3号線につながっている。その手前南側に、間組青山作業所と港区出張所、東京都第一建設事務所の建物がみえる。途中、青山霊園の西辺を走る外苑西通りの上を、昭和三十九年七月に完成した補助5号線の青山橋が跨ぐ。

カギ字道からの補助5号線（乃木坂トンネル）上の道は、行き止まりでなく、ほぼ環状3号線の手前まで延びている。上の道とトンネルが混同しているのかもしれない。道の左右で延びる歩道は階段となる。

これまで赤坂通り乃木神社入り口近くの右側歩道か

3　乃木坂周辺の地図から

「昭和 53 年現在の港区（部分）」昭和 54 年（『新修港区史』付図）

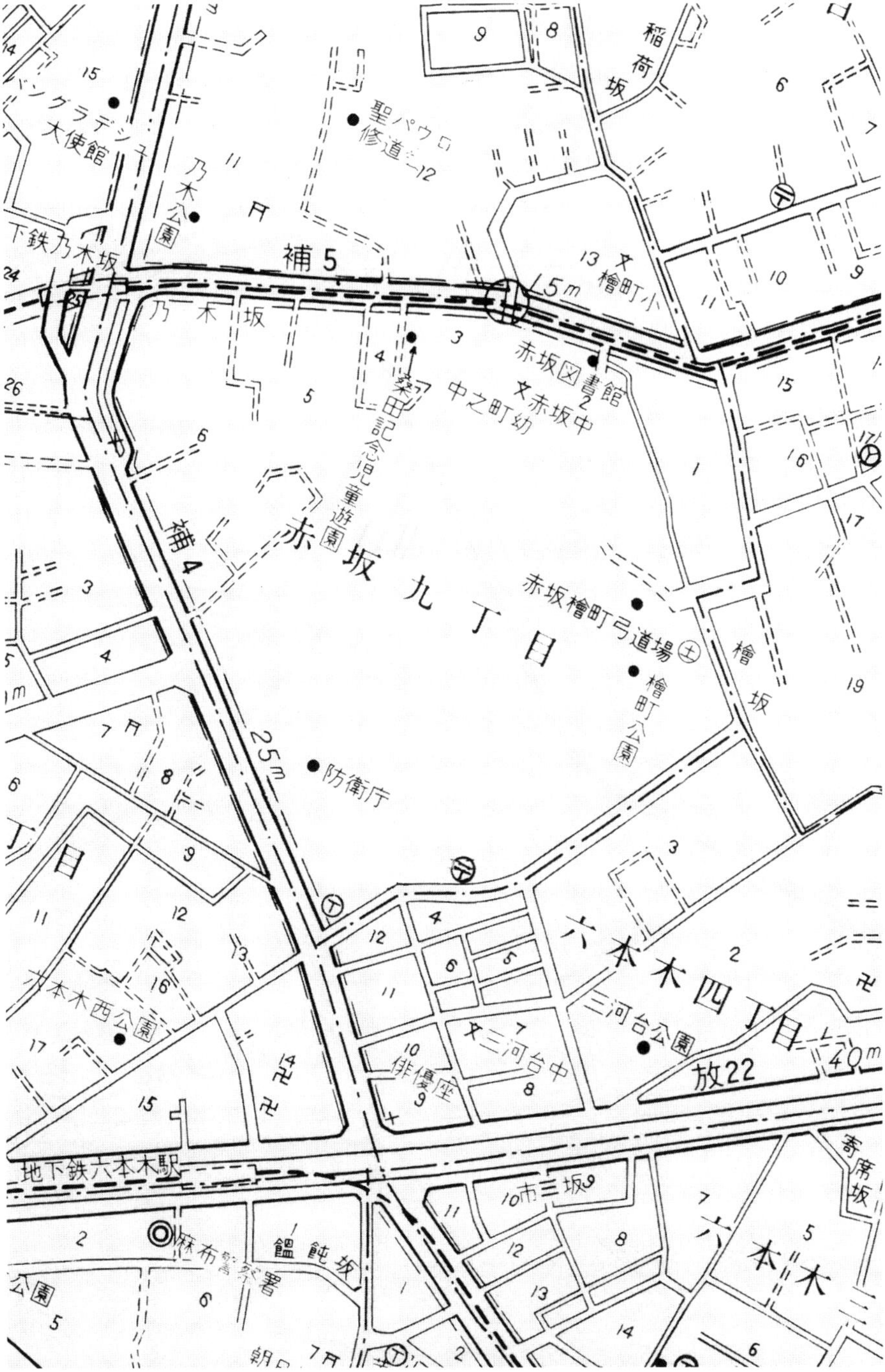

「港区道路図（部分）」港区土木部土木管理課　昭和 61 年（『増補 港区近代沿革図集 赤坂・青山』）

ら、外苑東通りにつながっていた細長い坂道が、幅広い階段となる。

▽昭和六十年（一九八五）「住宅地図」

赤坂通りから外苑東通りへの突き当たり正面に、乃木坂陸橋下をくぐる入り口ができているが、トンネル西側の南青山陸橋は、まだできていない。

乃木坂トンネルを中心に、地下鉄乃木坂駅の地下部分が描かれる。駅への入り口は、乃木神社一の鳥居横、赤坂通りをはさんだ向かい角、カギ字道と外苑東通りにはさまれた三角形のなか、そして環状3号線側の四ヵ所となる。

カギ字道からのトンネルの上道となる車道は、北側の衆議院青山議員宿舎の右下角で行き止まりとなり、トンネルは環状3号線の手前までとなる。その先に延びる左右二本の歩道は一本になり、環状3号線につながっている。なにがしか工事がはじまったようだ。

間組青山作業所と港区出張所、東京都第一建設事務所の建物はなくなっている。

▽昭和六十一年（一九八六）「港区道路図」港区土木部土木管理課（『増補　港区近代沿革図集　赤坂・青山』）

この時期に、まだ赤坂通りが真っすぐ外苑東通りにつながりながら、直前で左に分岐した道が、南下して外苑東通りに直交している。外苑東通りと環状3号線をつなぐ、補助5号線の乃木坂トンネルは、計画線となっている。

乃木坂周辺をみると、赤坂通りにかかる「乃木坂」の文字と「乃木公園」、地図記号の鳥居があるが、「乃木神社」の文字はない。

▽平成八年（一九九六）「住宅地図」

乃木坂トンネルの東、外苑東通り側はあまり変わらないが、西口側が動いた。トンネルの延長線上となる環状3号線の両脇、交差部分に四角で囲った「補助5号線　乃木坂橋梁　工事中」の文字がみえる。環状3号線をはさんで橋梁工事中ということは、補助5号線が環状3号線の上を跨ぐ形になる。関東財務局管理地、駐車場、資材置場、銭高組乃木坂トンネル（作）がある。

また、トンネル上道の袋小路から先、道幅の両端から延びていた歩道のうち、右側の歩道がなくなっている。左側の歩道は途中、トンネルから離れて独立した形で設けられ、環状3号線につながるだけでなく、東京大学生産技術研究所の裏におりられる階段もある。

▽平成十年（一九九八）「住宅地図」

乃木坂トンネルと南青山陸橋の供用開始は、平成九年十一月二十五日だが、九年の「住宅地図」では、まだ開通していなかった。

十年の「住宅地図」には、開通した乃木坂トンネルが反映され、トンネル東側の外苑東通りとの交差部分に「乃木坂トンネル」と「乃木坂陸橋」の文字が記される。

赤坂通りに沿った右側の歩道は、乃木坂陸橋の下をくぐる手前で二つに分かれる。一方はそのまま階段をのぼり外苑東通りへつながり、もう一方は陸橋をくぐり、つづら折りの坂をのぼると、カギ字道と外苑東通りにはさまれた三角形の地上にでる。

左側の歩道は、陸橋手前で左に分岐する坂道の、つけ根となる横断歩道を渡ると二つに分かれる。一方は、陸橋の手前から左折するのぼり坂に沿い、もう一方は、陸橋の下をくぐると地下鉄乃木坂駅の三番口に合流し、外苑東通りとカギ字道の分岐点にでる。右側の歩道も、左側の歩道も乃木坂陸橋まででトンネルには入らない。

トンネル西側の環状3号線との交差部分には、「乃木坂トンネル」と「南青山陸橋」の文字がみえる。

▽平成十七年（二〇〇五）「港区管内道路図」港区街づくり推進部都市施設管理課（『増補　港区近代沿革図集　赤坂・青山』）

港区内を走る道路には国道、都道、区道があり、区道（歩行者専用道路）、区有通路、区管理通路がある。また主要地方道、特殊都道、さらに都市計画道路があり、それぞれに番号が振られている。

乃木坂周辺で、番号が振られた都市計画道路をいくつか拾ってみる。

◇放射4号線　三宅坂から青山通り、渋谷方面へ

◇放射22号線　六本木二丁目から六本木通り、渋谷方面へ

3　乃木坂周辺の地図から

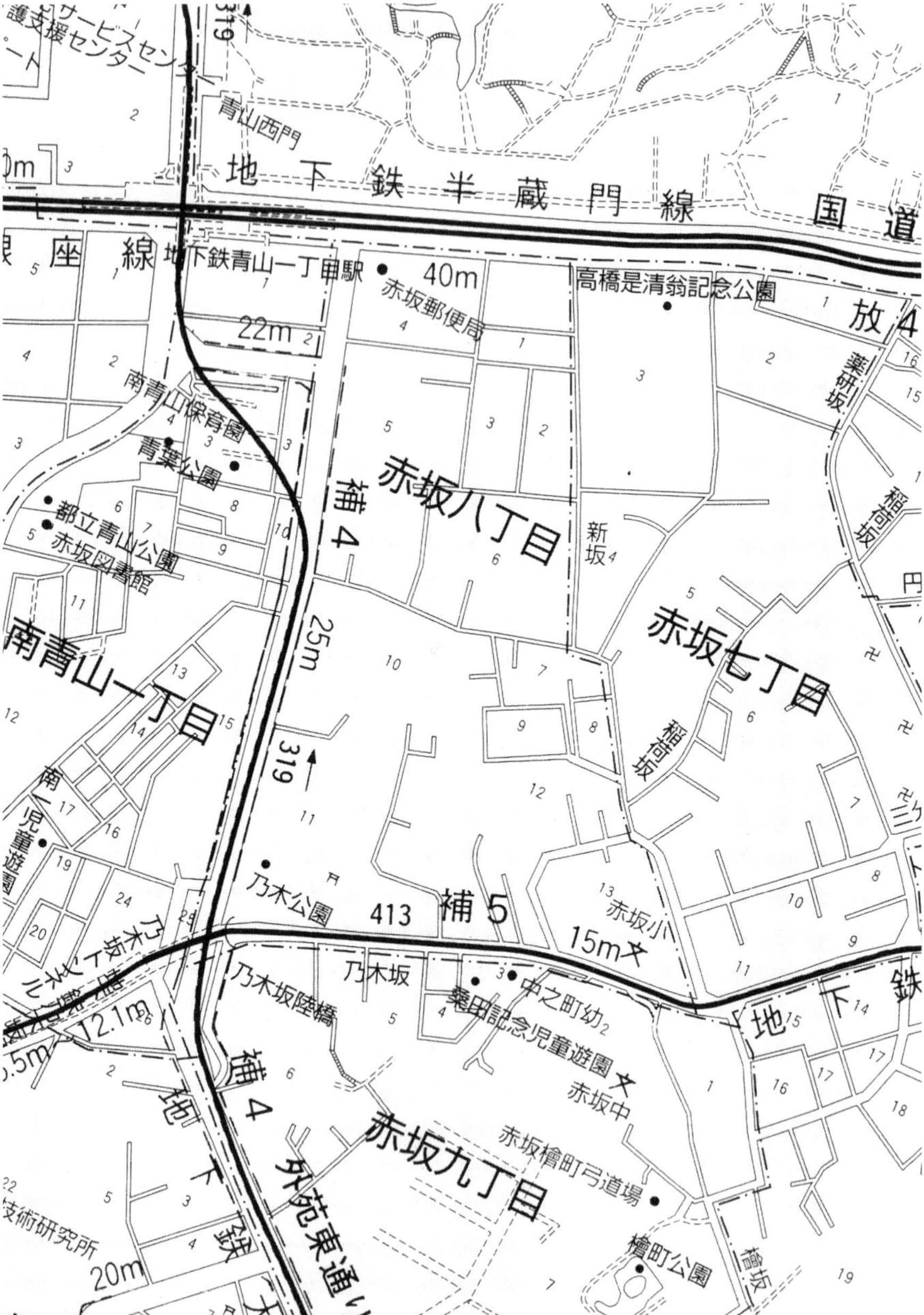

「港区管内道路図（部分）」港区街づくり推進部都市施設管理課　平成 17 年（『増補 港区近代沿革図集　赤坂・青山』）

◇環状3号線　信濃町方面から外苑東通り。ツインビル裏から六本木、赤羽橋方面へ
◇環状4号線　千駄ヶ谷方面から外苑西通り、天現寺橋方面へ
◇補助4号線　ツインビル裏から外苑東通り、六本木、飯倉方面へ
◇補助5号線　山王下から赤坂通り。そのまま南青山七丁目方面へ
◇補助5号線支1　乃木坂トンネルの西口で補助5号線と環状3号線を結ぶ
◇補助6号線　青山霊園の東側下辺で環状3号線と環状4号線を結ぶ

昭和三十九年（一九六四）のオリンピックを控えた当時、東京都内の道路は、道路法や都市計画上の、紛らわしい名称や番号ばかりだった。そこで東京都は、都民や観光客への便宜を図り、交通上の障害をなくそうと、主な道路に通称をつけた。通称は、過去四回にわたり「東京都公報」で設定告示され、結果、百七十一の道路に通称がついた。

3　乃木坂周辺の地図から

乃木坂周辺の道路の通称をおさらいしてみる。

▽青山通り（昭和三十七年四月二十五日）
◎起点　千代田区永田町一丁目（三宅坂）　一級国道20号線と二級国道246号東京沼津線の交点
◎終点　渋谷区金王町（渋谷駅前）　都道24芝新宿王子線の交点　渋谷駅前
◎通過点　赤坂見附、青山十六丁目

▽外苑東通り（昭和三十八年六月十八日）
◎起点　港区飯倉三丁目　一級国道1号線と都道325号線の交点
◎終点　新宿区鶴巻町電停前　都道12号線と都道324号線の交点
◎通過点　麻布六本木、青山一丁目、信濃町駅、四谷三丁目、牛込柳町

▽六本木通り（昭和五十九年五月一日）
◎起点　千代田区霞が関二丁目　国道20号（内堀通り）との交点

◎終点　渋谷区渋谷二丁目　国道246号（青山通り）との交点
◎通過点　港区赤坂、六本木、西麻布、南青山

▽外苑西通り（昭和五十九年五月一日）
◎起点　新宿区市谷富久町　都道302号（靖国通り）との交点
◎終点　港区白金台五丁目　都道312号（目黒通り）との交点
◎通過点　新宿区四谷、大京町、霞岳町、渋谷区千駄ケ谷、神宮前、広尾、港区南青山、西麻布、南麻布

名称が付いた順番でいうと青山通り、外苑東通り、六本木通り、外苑西通りとなる。外苑東通りから、外苑西通りと命名されるまで二十一年かかっていた。

赤坂通りはなかった。東京都の建設局道路管理部が発行する「通称道路名地図」にもなかった。地元地域では、昭和三十九年以前から通称として使われ、改めて東京都が設けることでもなかったのかもしれない。

4　乃木坂の謎

（1）乃木坂の由来

膝折坂と行合坂

ちくま学芸文庫に『江戸の坂　東京の坂（全）』がある。巻末の「江戸東京坂名集録および索引」に「乃木坂」があった。

港区赤坂八丁目と赤坂九丁目との境、乃木神社前を西へ外苑東通りへ上る坂。行合坂、幽霊坂、膝折坂とも　（五〇四頁）

また『今昔　東京の坂』の「乃木坂」には、別名の記載があった。

〈別名〉行合坂　なだれ坂　膝折坂　幽霊坂　（八五頁）

ここで、乃木坂の旧来の名称由来を、少しばかりあぶり出してみる。

旧称の一つに「膝折坂」がある。『今昔　東京の坂』では「なだれ坂」と合わせて説明がされていた。

なだれ坂、膝折坂は、傾斜の急なこと、また傾斜が急でガクンと膝が折れるという意味で、この坂が急坂であったことを語っている。（八五頁）

「膝折」とはなにか。公益財団法人の東京都公園協会が発行する、東京公園文庫『青山霊園』と、『江戸の坂　東京の坂（全）』や『江戸東京物語　山の手篇』の話を合わせてみてみる。

天正十八年八月一日（一五九〇年八月三十日）に、徳川家康が駿府から江戸に入府。それからまもなく八月十九日（九月十七日）、信任の厚い青山忠成を連れ、鷹狩りに出たとき、家康は赤坂の上から、西方を見渡して忠成に言った。

「馬に乗って、ひと回りしてこい。その範囲の土地を屋敷地として与えよう」

馬は駆けめぐり、忠成は家康から広大な土地を賜ったが、途中、馬が坂道で膝を折った。以来、その坂を「膝折坂」というようになった。

ただ、家康と忠成の逸話自体「あまりにも青山邸が広大なために生まれた伝説であろう」（『青山霊園』六頁）、「『よくある話』だから真偽のほどは別である」（『江戸の坂　東京の坂（全）』一八三頁）ともしている。作り話や伝説の類なのかもしれない。

さらにもう一つ。乃木坂の旧称に「行合坂」がある。江戸時代の「町方書上」を再編集した『文政のまちのようす江戸町方書上（三）麻布編』（一）の麻布今井町に「行合坂」があった。

一坂の儀は、町内南の方にて麻布龍土町への道筋にこれあり、幅四間より三間ぐらい、登りおよそ四十間ほどにて行合坂と相唱え申し候。右坂上青山辺りより龍土辺りへ通行の道筋へ当町より登り行き合い候ゆえ、唱え来たり候由申し伝え候

（七頁）

また『赤坂区史』の「新坂町」の項に「乃木神社前の乃木坂は旧称を行合坂といつた。これは坂上で、青山から龍土町への道筋に行合ふに因ると言はれてゐる」（一三五一頁）とあった。

さらに『港区史　上巻』には「赤坂新坂町」の項に「以前は青山―竜土町間の道に行き会うため行合坂といわれた」（二五三頁）とあった。

幽霊坂の由来

『江戸の坂　東京の坂（全）』では、幽霊坂の由来を「のちに坂下に妙福寺という寺と墓地があったので、幽霊坂とも呼ばれた」（一八五頁）としている。

嘉永三年（一八五〇）の切絵図「今井谷　六本木赤坂絵図」に妙福寺があった。日枝神社から西に延びる道の途中、分岐した二本の並行する道にはさまれた形で、赤坂今井町の隣に建つ。

『東京名所図会』に説明があった。

妙福寺、今井山と號す、眞宗、本派本願寺末の佛刹なり、嘉永の切繪圖に赤坂今井町と載せて、寺は市店の間にあり、明治以後變遷ありて、舊態を失ふ、妙福寺は退轉せり、第八番地の邊にして、遺趾、草を生ず。此地、新坂町との境界線にして、窪然谷を形《かたちづ》くれり。左右の丘陵は、樹木蔚蒼、梢間に洋風の建築物も見ゆ。路傍草青く、土は赤く、礫白し、道路に沿はりて、一條の細流あり、清冽《せいれつ》掬《きく》するに堪えたり、清水谷の名、彼に非にして此に是なり、蓋し上水の剰水なるべし。

西南に向ひて登る坂あり、赤坂新町五丁目より來りて、青山南町一丁目と麻布新龍土町の間に通ずる市區改正道路第四等に斑す。坂上に櫻樹三四株あり、葭簀《よしず》張の茶店に駄菓子、甘酒の類を賣る、鄙の俤《おもかげ》あり。（五八頁）

「西南に向ひて登る坂」は、まさしく「幽霊坂」のこと。赤坂通りが赤坂新町五丁目を貫き、北側が現在の赤坂六丁目の一部、南側が赤坂七丁目の一部となる。また坂の上、突き当たり北側が青山南町一丁目で、南側が麻布龍土町となる。

そこで問題の妙福寺は、いつまで今井町にあったのか。「明治以後變遷ありて、舊態を失ふ、妙福寺は退轉せり」と、文章に正確さはなく、あいまいな記述である。

『新選東京名所図会』は、明治時代にグラフ雑誌『風俗画報』の臨時増刊として発行された。のち、昭和四十三年（一九六八）から翌年にかけて、睦書房が『東京名所図会』全二十一巻としてまとめ、その第7巻『赤坂区・麻布区之部』の「赤坂区之部（其一）」に「妙福寺址」がある。

ちなみに、妙福寺の記述がある「赤坂区之部（其二）」の発行は、明治三十六年（一九〇三）一月二十五日となる。その時点ですでに寺の存在が風化している。

江戸時代末期の切絵図にも、明治九年（一八七六）の「明治東京全図」（『増補　港区近代沿革図集』）にも載っている。しかし、廃仏毀釈の影響なのか、移転したのか、合併したのか、廃寺になったのか、以降の地図に妙福寺はなかった。

『乃木坂界隈物語』のなかに、幽霊坂の由来を記した個所があった。


乃木坂は昔、急勾配の一本坂であった。両側の屋敷の樹木が、鬱蒼とおばけの手のように坂に覆いかぶさって、昼もうす暗く幽霊坂と呼ばれていた。（二一頁）

下から坂を見あげたら、両角の樹木が「うらめしやぁ」と垂れ下がっていたのかもしれない。

港区のウェブサイト「子ども・家庭・教育」から、子ども向け「キッズスクエア」の「まちなみ探検」に入ると「坂図鑑」があり、八十六の坂を紹介している。その一つにあった。

「乃木坂《のぎざか》」は「赤坂8丁目11番、9丁目6番の間」の坂として「大正元年（１９１２）乃木将軍の葬儀と同時に幽霊坂という名は廃され、乃木坂に改められた。また、行合坂、なだれ坂とも呼ばれた」と説明している。

また、赤坂警察署のウェブサイトのなかの「警察署について」に「赤坂の坂めぐり」があり、赤坂署管内の十九の坂を紹介している。その十二番目に乃木坂があった。

「大正元年（１９１２）乃木将軍の葬儀と同時に幽霊坂という名は廃され、乃木坂に改められた。また行合坂、なだれ坂とも呼ばれた。（赤坂8丁目11番、9丁目6番の間）」

閲覧対象の違う二つのウェブサイトが、ともに乃木坂の前の名称を「幽霊坂」と紹介していた。赤坂八丁目一一番は、乃木公園や乃木神社など、乃木坂陸橋を南西角とする隅にあたる街区で、赤坂九丁目六番は、旧SME乃木坂ビルなど、乃木坂陸橋を北西角とする隅にあたる街区となる。

さらに「幽霊坂」の名は明治時代の地図、それも陸軍が作った地図にも反映されていた。『よみがえる明治の東京　東京十五区写真集』の一六九頁で、明治十七年（一八八四）の「参謀本部陸軍部測量局地図」を紹介している。カギ字の南側から東に分岐した道のすぐに右書きで「幽靈坂」とあった。

乃木神社の入り口となる一の鳥居の右側に、東京赤坂ライオンズクラブが寄贈した自然石の石碑があり、プレートには乃木坂の名称と、その由来が記されている。

「乃木大将の殉死された大正元年九月以来幽霊坂が乃木坂と改名された」

ライオンズクラブが建てた乃木坂の碑。（F）

こちらでも、乃木坂の前の名称を幽霊坂と言い切っている。それだけ幽霊坂という名称が、幅広く一般に浸透していいのかもしれない。

区議会で決まった

そして問題の「乃木坂」の由来となる。

坂の名称が「乃木坂」といわれるようになった、そもそもの理由を「乃木希典の死を悼み、大正元年（一九一二）九月の赤坂区会で改名を決議した」からとする文言を、よく見かける。

なお、神社前の坂は幽霊坂、行合坂とも称されたが、大将の死後、赤坂区会の議決で乃木坂と改称し今は地下鉄駅名になった。坂名由緒の碑が神社入り口にある。

（『港区史跡散歩』一八五頁）

幽霊坂という懐しい名は、大正元年（一九一二）九月十九日、乃木将軍の葬儀と同時に廃され、乃木坂に改めたという。

（『今昔　東京の坂』八六頁）

その遺書は十七日の紙上に発表されたが、十九日の紙上には乃木大将の葬式のこと、同時に、大将邸の横にある「幽霊坂」が「乃木坂」と改称されることに赤坂区会で決議され、写真版にも「乃木坂」と書いた棒杭が載せられた。

（『明治・大正・昭和』一五六頁）

『明治・大正・昭和』の著者小野賢一郎は「東京日日新聞」の記者だった。紙上とは、もちろん『東京日日新聞』だろう。いまの『毎日新聞』にあたる。

また、港区の子ども向けのウェブサイトでも、赤坂警察署のウェブサイトでも「大正元年（１９１２）乃木将軍の葬儀と同時に幽霊坂という名は廃され、乃木坂に改められた」と、日付はないが「葬儀と同時」としている。

葬儀は九月十八日に執行され、その日の赤坂区会で乃木坂になることが決まったことになるだろうか。それでは、この「赤坂区会で決議された」という出典元がどこにあるのか。「『乃木坂』と書いた棒杭が載せられた」九月十九日付の『東京日日新聞』の紙面から記事を探した。

　十九日は葬儀の翌日にあたる。「乃木坂」の標柱の写真は、紙面のまん中に細長くあった。写真には縦組みで「乃木坂の標木（十八日に立てられたる）」と説明がついている。まわりの記事に目を移した。同じ紙面に記事はなかった。

　そこで『読売新聞』と『朝日新聞』から「赤坂区会」を探してみると、二紙ともに葬儀当日の十八日付にあった。十八日は葬儀当日で、内容は同じものだった。

赤坂區會の哀悼
赤坂區會は十七日午前九時より同區役所内に開會乃木大將薨去に付き全會一致左の哀悼文を決議し十八日の葬儀に之れを靈前に供ふる筈なりと
　陸軍大將從二位勲一等功一級伯爵乃木希典閣下の薨去並に令夫人の逝去を痛惜し茲に謹で弔辭を呈し哀悼の意を表す
（『読売新聞』）

赤坂區會の哀悼　赤坂區會は昨日開會乃木大將薨去に付全會一致左の痛惜文を決議したり十八日の葬儀に之れを靈前に供ふる筈
　陸軍大將從二位勲一等功一級乃木希典閣下の薨去並に令夫人の逝去を痛惜し茲に謹で弔辭を呈し哀悼の意を表す
大正元年九月十七日・赤坂區會議長　肥塚　龍
（『東京朝日新聞』）

乃木坂の標柱（大正元年9月19日付『東京日日新聞』）

記事は乃木坂の命名とは関係ない。亡くなった乃木に対する赤坂区会からの弔辞だった。

他にないか、さらに新聞記事から「赤坂区会」をキーワードに探したが「赤坂区会で決議された」という記事は見当たらなかった。

そこで、赤坂区会に関しての元資料『赤坂区史』と『港区議会史』を開いた。

大正元年　九月十七日　一、乃木大将薨去に付弔意を表するため弔詞起草、朗読、可決。

（『赤坂区史』三五五頁）

大正元年九月十七日の区会では乃木希典大将の殉死に対して起草された弔詞が朗読、可決された。

（『港区議会史　通史編』五二頁）

『赤坂区史』『港区議会史』ともに、前にあげた新聞二紙の弔意を表す記録だった。しかし、それだけで、乃木坂への名称変更に関する記録はなかった。

記録がないということは、省いたのか、入れ忘れたのか、加えるほどのことではないと考えたのか。それとも、もともとそういう事実がなかったのか。

小野賢一郎の『明治・大正・昭和』にあった「十九日の紙上には（略）大将邸の横にある『幽霊坂』が『乃木坂』と改称されることに赤坂区会で決議され」（一五六頁）たとする記事を、こんどは十九日付の『東京日日新聞』の全紙面から探した。

それでもやはり「乃木坂」の標柱と、「雑観記」の記事中の「乃木坂」のみで、赤坂区会にかかわる記事はなかった。

没後の乃木坂

乃木が亡くなったあとの新聞記事から「乃木坂」をキーワードに探してみると、九月十九日付、どの新聞も葬儀の様子を大きく伝えているなかで、さっそく「乃木坂」を見つけた。『東京日日新聞』が載せた写真「乃木坂の標木」の左側の記事「雑観記」に「十数万人の涙（沿道）」があった。

乃木大将夫妻の葬儀は其の最期が壮烈であつた丈けに満都の人心を感動せしめこの未曽有の葬儀を送らんものと大将邸附近は朝から非常な人出であつた▲申すも畏いが先日の　御大葬で警戒に余程苦心した跡とて十数万の人出があつたにも拘はらず思ひの外秩序整然としてゐた▲即ち乃木邸附近は乃木坂下と檜町との二箇所に関門を設けて野次馬は一人も入れない

早くも十九日付の記事のなかに「乃木坂」という言葉がみえる。同じ日の『東京朝日新聞』に「屋根や柱に鈴生」があった。

（前略）電車は一時半を告ぐる頃青山行電車は赤坂見附で、御所前行電車は六本木で何れも運転を中止し一方混乱を防がん為め憲兵と巡査は赤坂表町三丁目と乃木坂手前で通行を禁止したので六本木方面と赤坂見附と青山御所附近間の群集は進退谷《きわ》まつて身動きも出来ず押すな押すなで揉み合ふばかり、乃木邸より青山御所に至る沿道の向つて右側には市内十五区及び淀橋代々木渋谷大久保入新井目黒大崎□□□（判読不明）其他の在郷軍人団と赤坂区内六校二千名の生徒が堵列《とれつ》を築きいよいよ将軍夫妻の霊柩が乃木邸を出発となるや鳴り渡る喇叭と共に各所の横町から今まで控へてゐた連中までがワッショイワッショイ押出して青山一丁目の裏手に当る射的場の沿道に面する地点其他に充実して鮨の如くに詰め込み中には丸尾皇子御養育主任、中山侯爵邸附近の住家の屋上や電柱樹木塀等に上つて見物するものあり御所前の溝の中に押込められて苦しがつてる爺さんや婆さんもあり混乱筆紙に尽し難し

日常会話的に、その場所を示している。

九月二十一日付の『読売新聞』には「乃木邸昔物語」と題した記事が載っていた。乃木邸の門前、電車通りをはさんだ向かいに煙草屋「會津」がある。邸宅に出入りしていた老人の、いくつかある話のうちの一つの談話で、タイトルは「乃木坂附近は畑」。

将軍の家族が此所に居を卜したのは煙草屋が東京に出たよりも三年前の明治九年で将軍が未だ大佐の時であつた、その頃の同町は御家人町で往来幅は二人並んで通れぬ位数日前に「乃木坂」と記した新しい木標の立つた辺から彼方は一帯に畑地で寺が一軒野中の一本杉と云ふ形であつた、その頃の乃木邸は何れ御家人が住んで居た家らしい総坪数は六百坪たらずで、現在供待小舎のある辺に玄関があつて、平家の十数間ある大屋で現在の洋館のある所に同じく小さな日本造りの二階家があつたが今から廿年前に将軍は先づ現在の住宅よりも立派だといはれる練瓦（ママ）造りの厩舎を建て次で今から十三年前に元の家を悉く壊して現在の小さな洋館を崖の中腹に建てた

「乃木坂」と記された木標は、先の『東京日日新聞』の記事にあった「九月十八日に立ったという標柱」のことだろう。

また、九月二十四日付の『東京朝日新聞』の「乃木大将殉死に関する寄書」に「愛馬と厩」と題した新坂町一女子の文章が載っていた。

此処新坂邸の附近！　朝夕御通過ありし度毎に馬上の大将を仰ぎ見て誇りとせしわれ等、今や再び其英姿、其温顔に接する能はず。乃木坂！　乃木坂！　あゝ思出（ママ）多き乃木坂!!　いく度か上り下りせられし老将軍今や何処？　将軍の愛馬にして意《こゝろ》あらば乃木坂上の厩にて何思ふらん。あはれ……其馬も葬列にひかれさぞ光栄と思ふべし。故大将の愛馬も厩も本邸と共永く記念として乃木坂上に保存せられまほしきものにこそ

乃木への思いが募ったのか、感嘆符つきで乃木坂を連呼している。涙をいっぱいためながら綴ったのではないか、そんな一女子の思いが伝わってくる。

岐阜の丁珍が読者投稿した「乃木阪（ママ）の命名」が、九月二十八日付の『読売新聞』時事狂歌の欄に載った。「阪」は「坂」のこと。

　武士道は此通りだと世の人にその名を示す乃木阪の上

また乃木の葬儀がすんで、半月が過ぎた十月三日付の『東京朝日新聞』がある。一段落したかと思いきや、まだまだ墓所への参拝、乃木邸を見物する者が絶えないとする「乃木邸の栗▽新名乃木坂停留場」が載っていた。

　乃木将軍の墓に日々参詣し新坂町の同邸を観んとする男女夥しきより眼先の早き商人は数日前より青山南町二丁目で乃木おこしと云へるを売り出せしに売れ行き至つて宜く又将軍墓地の附近に於て一両日内に乃木団子を売り出さんとして居る者があるさうだ、又同邸脇なる旧名幽霊坂事新名乃木坂近くの電車停留場をば昨日より乃木坂停留場と改称した、尚昨今同邸内の栗樹二本は一面に結実して居るより留守番に乞い栗一二個を無理に懇望し持ち帰る人々あるが其故を聞けば右の栗を蒔いて記念として培養する目的ださうな

記事に一つの新発見があった。「乃木坂近くの電車停留場をば昨日より乃木坂停留場と改称した」とある。これまで新設された当時の「新坂町」から「乃木坂」に改称されたのは「大正二年（一九一三）頃」とまでしか分からなかったが、新聞記事によると十月二日に改称されたことになる。

生前の乃木坂

では、なぜ「乃木坂」というようになったのか。それは「乃木が亡くなったから」。乃木を悼んで「乃木坂」と呼ぶようになったと、常套句のようにいわれている。しかし、実は違っていた。

まだ乃木が亡くなる前、明治四十一年（一九〇八）十二月三日付の『東京朝日新聞』六面に次のような記事があった。

　東京新名所（三）

▲東郷坂　麹町区上六番町の小阪路、別に名もなかりしを日露役大捷の結果威名隆々たる東郷大将の邸宅が坂の中途にあるを以て東郷坂の称を得るに至れり当時講和談判に赫々の功ありし桂首相小村大使等の居住地をも桂町とか小村坂とか名づけんと云出せしものありしも殴られて止《や》めたり

▲乃木坂　乃木将軍邸に近き赤坂新坂町の坂にて是も戦捷の結果将軍の威望を現はしたるなり去れど二百三高地ほどに高からず戦功に誇らぬ将軍の鼻と同様何方かと云へば低い方なり続に幽霊坂と呼ぶ縁故によりロスケの幽霊でも現れたならおでん屋の出る程見物人の賑ふべきに惜しいかな其噂もなし

東郷平八郎邸前の坂とあわせて、乃木希典邸前の坂を対に紹介している。乃木坂の高さを二百三高地に、幽霊をロシア人に例え、皮肉をきかせた記事になっている。

坂の名称に乃木の名前がつくのは、乃木夫妻が亡くなってからだとばかり思ってきたが、実は亡くなる以前から「乃木坂」の名があった。正式な命名ではないにしても、明治四十一年の新聞に紹介されていた。

さらに探すと、『東京朝日新聞』の明治三十三年（一九〇〇）五月十四日付にあった。

▲乃木阪《（ママ）》　台湾南庄街に乃木前総督の徳を表彰し併せて後来の紀念となさんため一阪路を改修し之を乃木阪と名く改修費は百数十円

乃木は、明治二十九年（一八九六）十月十四日から、一年四ヵ月にわたり第三代の台湾総督だった。そのとき、ぬかるんだ坂道をみて自費で石段を敷くと「乃木崎」と名づけられた。「崎」は「坂」の意味を持つ。日本の乃木坂ではなかったにしても、台湾に「乃木坂」があり、別の意味で驚きだった。

日露戦争が終わった翌年、明治三十九年（一九〇六）七月二十三日の『東京朝日新聞』の学校紹介の記事「高等女子実修学校を観る（上）」の冒頭にあった。台湾の話は別にしても、先の「東郷坂・乃木坂」の記事

より前となる。

赤坂区檜町四番地に在る私立高等実修学校は、山脇房子女史（山脇玄氏の夫人）の理想の女学校である。此頃一寸参観に行ったが、学校は新名乃木坂（乃木将軍が其附近に居らる、故に爾名づく）の上に在るので、高燥の地に木造の荘麗なる建物があるのが、それだ（以下略）

のちに山脇高等女学校となる山脇女子実習学校は、明治三十六年（一九〇三）四月、牛込区白銀町に創立した。三十八年十二月には、赤坂区檜町の歩兵第一連隊西側に校舎、寄宿舎各二棟を新築。三十九年二月十二日に高等女子実修学校となり、四月二十五日に赤坂区檜町へ移転。そして明治四十一年（一九〇八）三月、改組して山脇高等女学校と改称、五月一日に開校となった。

日露戦争が終わり、乃木希典が東京に凱旋したのは、明治三十九年一月十四日。その半年後の記事となる。記者は「新名」と冠を設け、括弧書きで説明を加えている。まだ浸透しておらず、念を押したのだろう。

記事では、輝かしい功績を持ち帰った乃木の邸宅が、学校の近くにあり、親しみをこめて乃木坂と呼ぼうとしている。

また、明治四十五年五月三十日付の『読売新聞』にあった。

▲乃木坂停留所　電車の停留所も數多くあれど世界の耳にも覺え易きは今度開通せんとする青山東宮御所前通の新路線「乃木坂」停留所なるべしやがては番町の東郷坂に停留所を設けられるべしと云ふ

前に、乃木が亡くなったあと、乃木邸門前の停留場名「新坂町」が「乃木坂」と変わった話は書いた。しかし、実はそれ以前、乃木の生前から「乃木坂」にしようとする動きもあった。

六本木と青山一丁目の間に電車路線が開通する、一週間前の記事だ。乃木邸の門前にできる停留場の名称が「乃木坂になるだろう」と予測を立てている。しかし、実際の名称は、残念ながら「乃木坂」にならず、停留場東側に広がる町名の「新坂町」に落ち着いた。

それにしても、もし乃木希典本人がこの話を知ったら、はたまた実際に「乃木坂」停留場と命名されたとしたら、どう思うだろうか。

先にあった没後の記事をみると「乃木坂」という言葉が、普通に浸透し日常で使われている。赤坂区会での決議があったにせよ、なかったにせよ、市井の庶民は普段から使っていたようにもうかがえる。ただ、明治天皇のあとを追ったことで、より乃木の名声が高まり象徴となって、普及していったのかもしれない。

（2）乃木坂の付け替え

昭和十九年の大工事

その昔、港区の赤坂通りは、真っすぐ急な坂をのぼって外苑東通りにつながっていた。江戸時代から明治、大正、昭和戦前の地図で確認できる。確認した範囲でいちばん古い地図は、明暦三年頃（一六五七）の「明暦江戸大絵図」となる。

ときは過ぎて、昭和二十二年（一九四七）の「東京都区分詳細図港区」をみると、同じように赤坂通りは外苑東通りとつながりながら、直前で左に分岐している。分岐した道は外苑東通りに沿って南下し、しばらくして右に曲がって外苑東通りに直交していた。

それが、昭和三十三年（一九五八）の「東京都23区別集成用基本図　港区」では、赤坂通りから外苑東通りに真っすぐつながる道がなくなる。赤坂通りの乃木坂の盛り土が崩されフラットになり、外苑東通りとの突き当たりが崖になる。赤坂通りは、突き当たりの崖下で左に折れて、外苑東通りに沿って南下しながら坂をのぼり、外苑東通りにつながるようになる。このとき、地図の坂道は現状の形になったものと思われる。のち、赤坂通りが外苑東通りに突き当たる先に、乃木坂トンネルが開通する。

そこで二つの疑問。「真っすぐつながる盛り土を崩したのは、いつか」。「左に曲がる坂道は、いつ竣工したのか」。

後者の疑問に対する答えは、昭和十九年（一九四四）一月十三日付の道路工事の報告書「東京都告示第34号　麻布区新龍土町檜町地内、赤坂区新坂町地内」にあった。

東京都の一括処理用便箋には、担当部署の判や、助役、課長、係長など管理職員の判が捺されている。同じ頁の提案年月日の欄には「十六年十二月十三日」と手書きされていた。なんと提案は、開戦直後に行なわれたことになるのか。

頁をめくると、工事件名は「東京都市計画事業街路二等大路第二類第八号路線ノ一部築造工事」とあり、工事個所は「赤坂区檜町自四番地至五番地先」となっていた。檜町四番、五番は、ちょうど赤坂通りから坂への分岐点と、外苑東通りへの坂の合流点となる。

道路図面があった。右に乃木神社、乃木公園をみる赤坂通りは、真っすぐ外苑東通りにつながっていない。元の乃木坂の坂を崩して、新たに左に曲がる道路をメインの道として設けている。道はそのまま外苑東通りに沿って南下しながら、一度、左に大きくカーブしてS字に右に曲がり、外苑東通りに直交していた。

赤坂通りから外苑東通りと交差して、真っすぐ青山霊園を横断する計画は、以前からすでにあったのだろう。青山霊園からの補助5号線と赤坂通りをつなげるに当たり、それまでの坂を崩し乃木坂を左に曲げたものと思われる。

工事の報告書はあったが、文書的な資料はないようだ。最初からなかったのか、当時はあったものの途中で逸失したのかは分からない。ただ一つ重要な資料を得た。東京都の公報に、道路の変更と供用開始が告示されていた。

道路工事の報告書資料と同じ、昭和十九年（一九四四）一月発行の「東京都公報」第八二号の六頁に「東京都告示第三十四号　市道区域ノ変更及供用開始」があり、道路の開通が告示されていた。

> 麻布区新龍土町、檜町及赤坂区新坂町地内ニ於ケル市道ノ区域ヲ左図表示ノ通変更シ其ノ供用ヲ開始ス

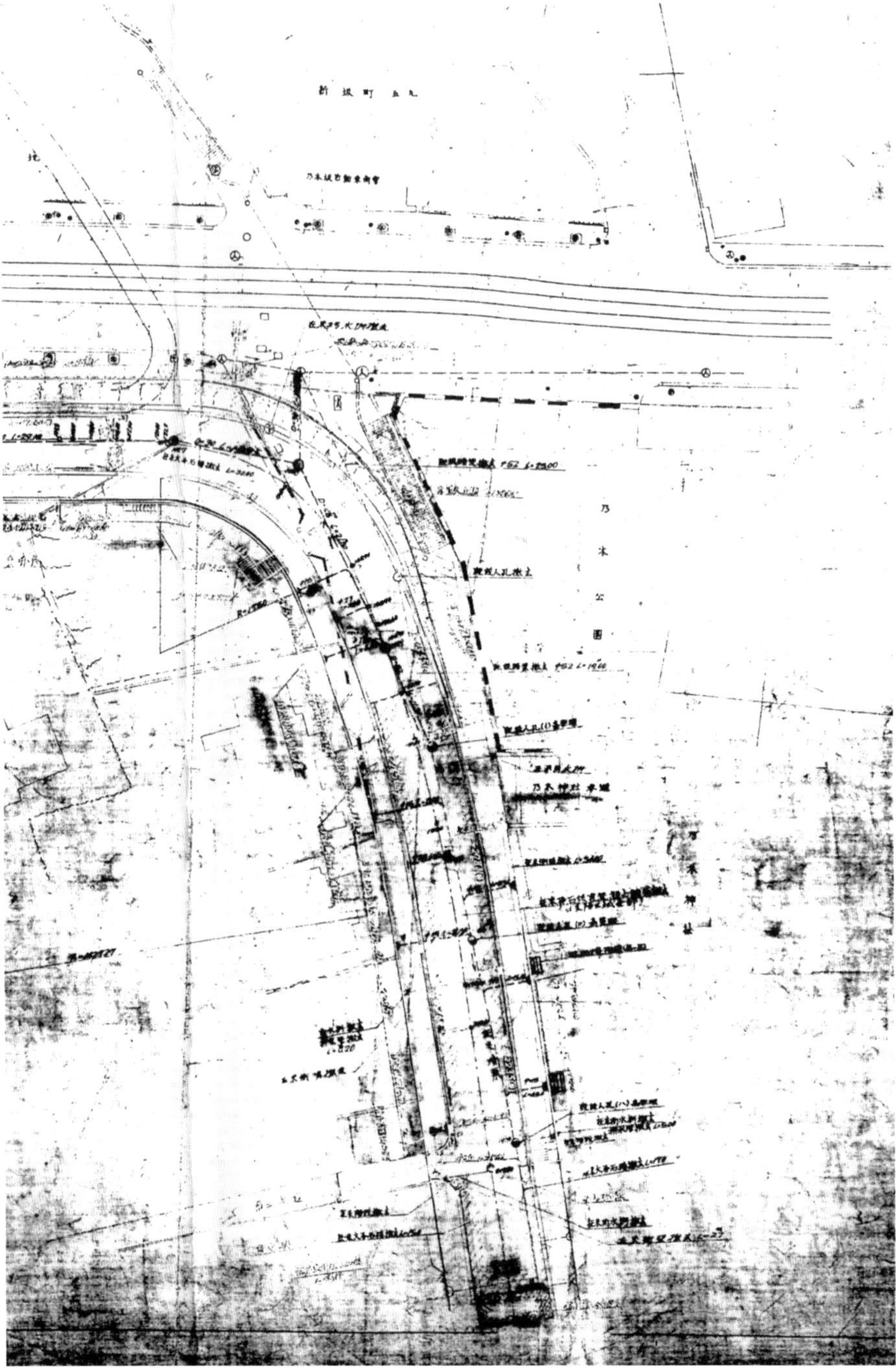
新坂町
乃木公園
乃木神社

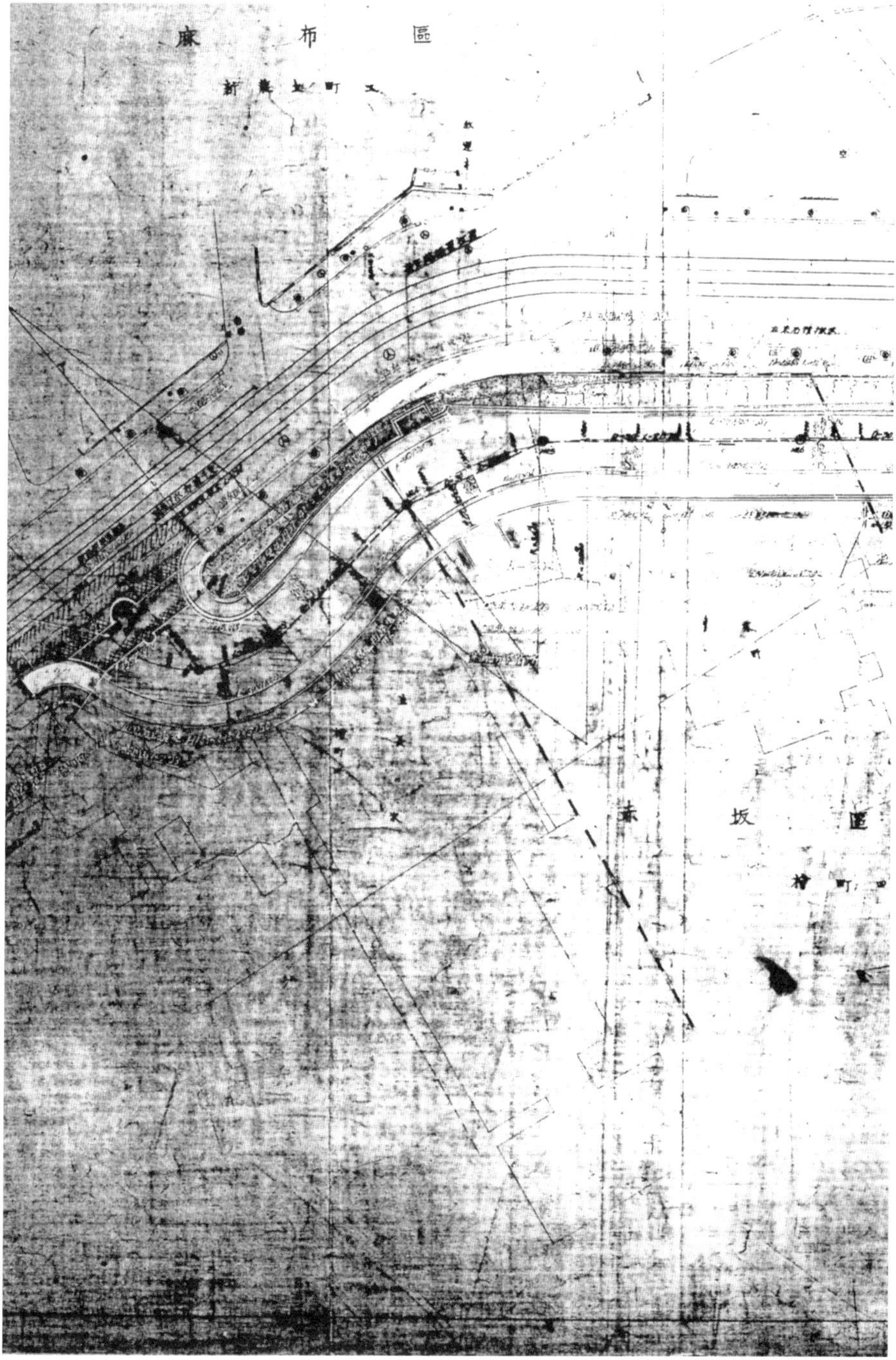

戦時中の乃木坂の付け替え図面。（東京都公文書館所蔵）

昭和十九年一月十三日
東京都長官　大達茂雄

道路図もある。図の説明には「区域ヲ変更シタル市道路線　延長二七四米〇〇」「変更ニヨリ道路ノ区域ニ編入シタル部分　面積二一五八平方米〇一」とあった。

最初に見た道路工事の報告書「東京都告示第34号」は、まさしく「東京都公報」の「東京都告示第三十四号」そのものだった。報告書の日付と「東京都公報」が示す供用開始日も同じ。まさに工事の施工主、東京都が作成した報告書に工事の概要や図面を記録し、「東京都公報」で道路の供用を告示していたのだ。昭和十九年、左に曲がる新しい坂道が造られ供用が開始された、もう一つの証拠となる。

新しい乃木坂が供用を始めた昭和十九年といえば、まさに戦時中。日を追うごとに、禁止や規制の条例や法律が生活をしばり、窮乏生活が余儀なくされる。連合国軍による主要都市への空襲が始まり、学童疎開が

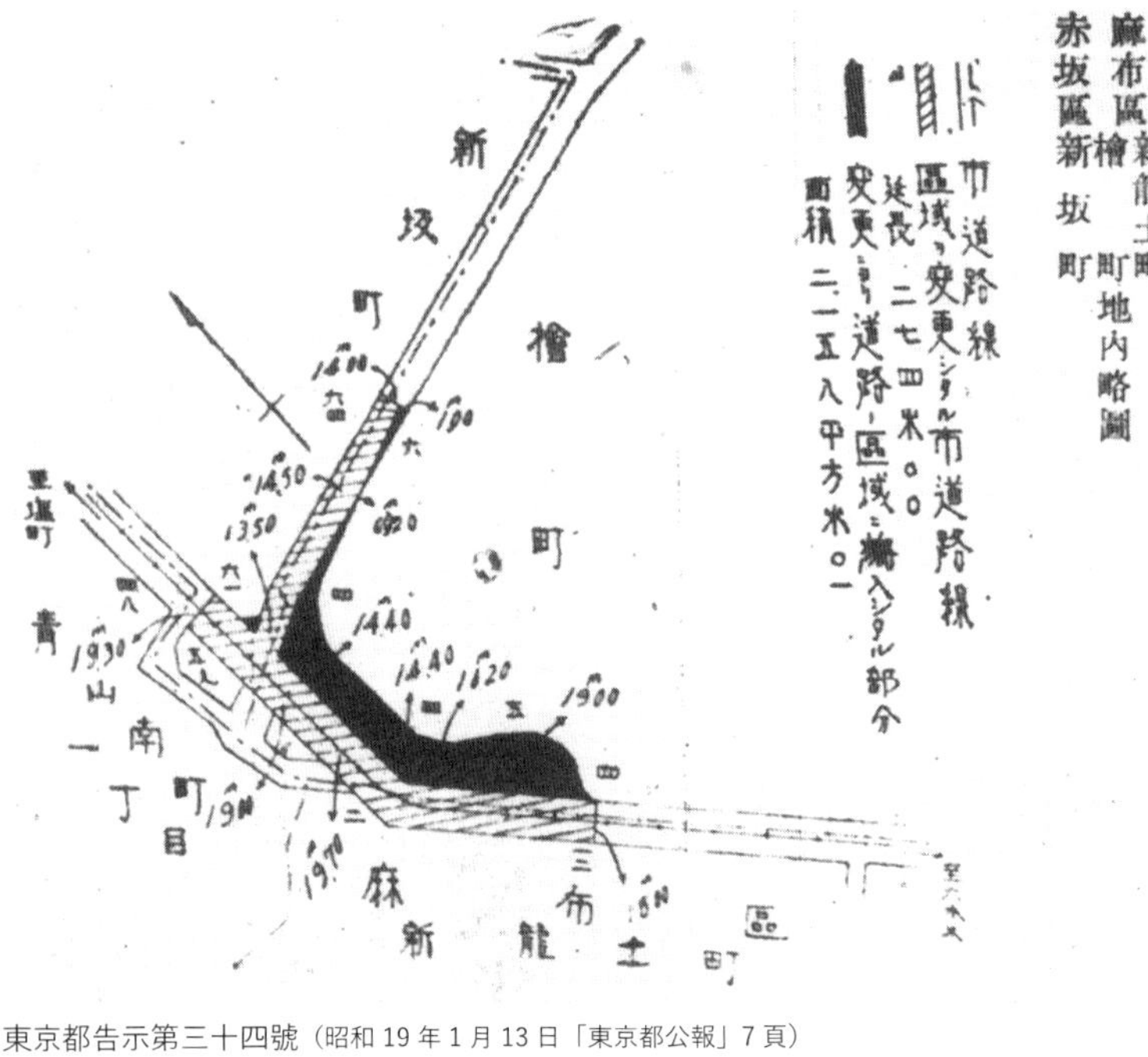

東京都告示第三十四號（昭和 19 年 1 月 13 日「東京都公報」7 頁）

開始された。そんな時代が始まろうとする頃の、物資が極端に少ないなかでの道路差し替え工事となる。

坂の下まで

道路工事の報告書や地図、また都の公報の他に、当時の道路事情を伝える文献を四点みつけた。一点は、昭和六十一年（一九八六）三月発行の『凩の時』で、史伝体と物語体を併用した歴史長編となる。

歩兵第一連隊の正門―現在の防衛庁の正門―をでて、連隊を囲む土塁ぞいに青山一丁目の方に歩くと、連隊の敷地を離れたすこし先から右に真っすぐくだる急坂があった。当時、幽霊坂と呼ばれていた。

現在乃木坂と名づけられているこの坂は、くだり口が檜町よりにつけかえられてカーブし、傾斜がゆるやかになっている。当時は現在の外苑東通りからほぼ直角にくだっていた。（六三頁）

「外苑東通りからほぼ直角にくだっていた」坂が、「くだり口が檜町よりにつけかえられ」たとしている。

もう一点は、昭和六十三年（一九八八）九月三十日に発行された、私家版の『乃木坂界隈物語』にあった。

地下鉄千代田線乃木坂駅が出来る時、乃木坂の上の道巾は、坂の下まで掘りさげられた。断絶した処に乃木坂陸橋がかかり、川のない橋になった。

一本坂の急な乃木坂を、現在のように竣工したのはほめられてよいと思う。

ひっきりなしに車が走るようになった乃木坂は、大改造されて大変よかった。（三〇頁）

文章からみると、千代田線の乃木坂駅ができるときに掘りさげたとある。それがいつかは分からないが、昭和十九年（一九四四）一月十三日より以前なのは確かだろう。また陸橋手前から左折し、外苑東通りにつながる坂道のことも記されていない。もしかして、著者は特筆するほどのものではないと考えたのかもしれない。

平成二十六年（二〇一四）三月に発行された『東京の「坂」と文学』の港区の章のなかに、「軍隊の町赤坂と今の赤坂」で乃木坂を紹介していた。

この坂は当初真っ直ぐ現在の外苑東通りの高さまで上る急坂であったが、昭和三十年代に改修して南に迂回する道が造られ、その後には直進するトンネルも開通し、青山霊園を通って表参道方向に出られるようになった。（九四頁）

分かりやすく説明しているが、「昭和三十年代に改修して南に迂回する道が造られ」たが分からない。南への迂回路は、昭和十九年（一九四四）に開通し、トンネルの工事が着工されるのは昭和四十三年（一九六八）となる。それらに変わる改修が、昭和三十年代にも行なわれたのか。

東側にできる影

さらに、平成十八年（二〇〇六）九月発行の『東京坂道散歩』にも記述がある。

十数年ぶりに赤坂の乃木坂へ行ってみたが、大幅に変わっていて、ちょっと面食らった。

いや、乃木坂そのものはカラー舗装化したくらいで少しも変化していない。以前のまま乃木神社の前から緩やかに西へ向かって登り出し、外苑東通りの下で南へ急カーブしながら坂を上りつめ外苑東通りに合流する。

それでいて大変化した、と言うのは、以前の突き当たりの壁が刳り抜かれてトンネルになり、そのまま直進して青山霊園の方へ通り抜けられるようになったからだ。坂は不変だが、「道」としての役割が大変わりしたと言うべきなのだろう。

十数年前に来た折り、既に坂の突き当たりで大きな工事が始められているのは見て知ってはいた。が、トンネルが刳り抜かれて新たな通りがその先へ延びるとは思いもしなかった。トンネルの名は乃木坂トンネル、その上に出来た橋が乃木坂陸橋。トンネルは平成九年開通で、道路の名称は補助5号線だ。

（二五八頁）

詳しく説明されている。先の三つは、江戸時代からの真っすぐにつながる道を踏まえての話となっている。しかし『東京坂道散歩』では「乃木神社の前から緩やかに西へ向かって登り出し、外苑東通りの下で南へ急カーブしながら坂を上りつめ外苑東通りに合流する」のが日常になっている。

突き当たりで大きな工事がはじまっているが、ブロック塀の奥では、どのような工事が進められていたか知らなかったという。もちろん地元の人たちには周知のことだろうが、それ以外の人々にとっては未知の壁だったのかもしれない。

どの話も、そのときどきの道路事情を、見たままに伝えている。

4 乃木坂の謎

昭和十一年（一九三六）六月十一日と、十九年（一九四四）十月十六日の、乃木坂周辺の空中写真がある。

昭和十一年の空中写真では、赤坂通りは、真っすぐ外苑東通りにつながっているだけで、外苑東通りにつながる手前で、左に曲がる道はできていない。それが昭和十九年の写真になると、はっきりと左に曲がる道が確認できる。ただ、平面の地図と同じで高低差が分からない。

それが、昭和二十二年（一九四七）九月八日の空中写真では、はっきり高低差が分かる。午後、夕方近くの撮影のようで、影が外苑東通りの東側にできている。赤坂通りが左に曲がる辺りは影が長く、外苑東通りとの合流地点に近づくにつれ影は短くなっているのだ。坂をのぼっている証拠となる。

本当は、この現象が昭和十九年の空中写真で、確認できればよかったのだが、昭和十九年の写真も、昭和二十年の写真も、午前中の撮影らしく残念ながら影は西側にできていた。

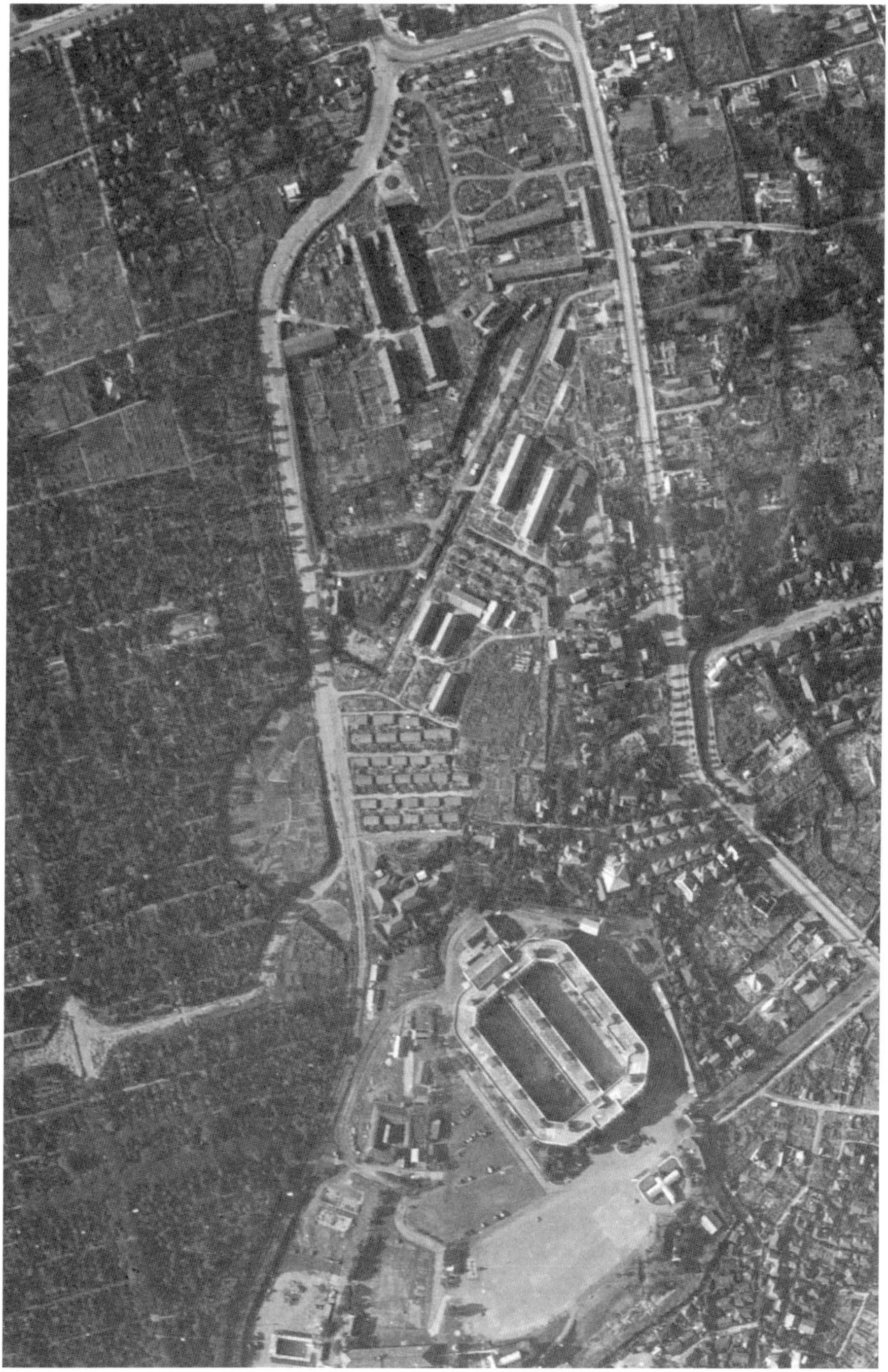

昭和 22 年 9 月 8 日の航空写真（国土地理院所蔵）

（3）トンネル開通反対運動

トンネル上の道

日枝神社前から西に走る赤坂通りは、外苑東通りと交差する乃木坂陸橋の下をくぐる。陸橋の上から、東側の赤坂通り（補助5号線）は望むことができる。しかし、西側の補助5号線はトンネルとなり、さらにトンネルの上には、外苑東通りの旧カギ字道から分岐する道が載っている。トンネルと上の道の二重構造になり、見おろすことはできない。

地上の道を進んでも、下にトンネルがあるとは感じさせない。また、車でトンネルを進んでも、上に地上の道があるとは思えないだろう。

旧カギ字道から分岐するトンネル上の道の両側には、普通にマンションが建ち、玄関ロビーがあり駐車場がある。道の中央に分離帯があり、宅配便のトラックが停まっていて、外苑東通りや環状3号線への抜け道もある。どこにでもありそうな日常の風景、生活道路そ

カギ字道から分岐する道の下には、乃木坂トンネルが走る。左が南側のY字分岐、右が北側のカギ字分岐となる。（F）

のものなのだが、突然として道の先が行き止まりとなる。

その道は、いつ開通したのか。

昭和四十七年（一九七二）の住宅地図ではトンネルは計画線で、上道もできていない。戸建ての住宅が普通に建ち並んでいる。それが昭和五十一年（一九七六）の地図になると、トンネルは開通していないものの、上道はできあがっているように見える。一部の戸建て住宅がなくなり、マンションや駐車場になっている。

地図の上では、昭和四十七年から五十一年までの間に、上道ができたことになる。


トンネル上の道の行き止まりのすぐ右側（北側）には、衆議院青山議員宿舎が建ち、左側（南側）は国立新美術館となる。

行き止まりの近くから、遮蔽フェンスの隙間をのぞくと、ところどころで崖下が見える。もしかして、環状3号線を跨ぐ南青山陸橋がはじまっているのか。実際、上の道と国立新美術館や衆議院青山議員宿舎にはさまれたマンションは、トンネル上道より低い位置から建ち、マンションの玄関がビルの階上となる。

トンネル上の道の袋小路部分、行き止まりフェンスの奥にはトンネルの筒がのびる。袋小路道幅の両端から歩道が続く。（F）

行き止まりとなる、正面つき当たりのフェンスの向こうには、筒状のトンネルが姿を現し、行き止まりの道幅の両端からは細い歩道が始まる。向かって右側はすぐに階段があるが、左側はゆるい坂道になっている。歩道通路の片側にはトンネルの筒が続き、反対側には遮蔽フェンスが続く。視界はどちらも遮られる。

実は、左側通路の途中に扉がある。遮蔽フェンスの小さな穴を透かしてみると、どうやら、国立新美術館の裏側のようで、数段おりたら美術館直結となる地下鉄乃木坂駅六番口の背、駐車場奥の植え込みに通じている感じだ。関係者以外使用できない、道路作業用かなにか非常用の開かずの通用扉と思われる。

もしかして、平成八年（一九九六）の住宅地図にあった、工事のため独立して設けられた環状3号線につながる通路で、東京大学生産技術研究所裏におりられた、階段の名残かもしれない。

両端の歩道は、途中から分岐し、それぞれ階段で環状3号線におりられるようになる。トンネルの下、左右の階段にはさまれた形で、地下鉄の乃木坂駅の五番口がある。また南青山陸橋を渡った先、青山霊園側か

歩道側にある謎の扉。はたして、どこにつながっているのか。（F）

乃木坂トンネル西側の入り口となる。車道はトンネルに、歩道はそのまま外を通る。（F）

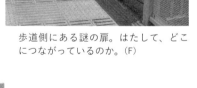

らも道なりに、環状3号線におりられる階段がある。トンネルは筒状のまま環状3号線の上を跨ぐ。そう、トンネルが橋になっていて、なんとも不思議な光景が広がる。跨いだところでトンネルから抜けて、車道と歩道が合流し青山霊園を横断する。

補助5号線（赤坂通り）にかかわる三つの橋、乃木坂陸橋、南青山陸橋、青山橋がある。三つの橋が、どのような時期の竣工で供用開始となるのか、それぞれの橋名板をみた。手前と奥、右と左は、赤坂から根津美術館方向をむいた位置関係で、特記以外の表記はすべて横書きとなる。

◎乃木坂陸橋。乃木坂トンネルの東側で、補助5号線が外苑東通りの下をくぐる
手前の欄干右側（二枚）左「乃木坂陸橋」／右「昭和49年3月竣功」
手前の欄干左側「のぎざかりっきょう」
奥の欄干右側「乃木坂陸橋」
奥の欄干左側「のぎざかりっきょう」

◎南青山陸橋。トンネルの西側で、補助5号線が環状3号線の上を跨ぐ
右側手前　なし
右側奥の親柱（二枚）上「南青山陸橋」／下「平成9年8月」
左側手前　なし
左側奥の親柱（二枚）上「みなみあおやまりっきょう」／下「平成9年8月」

◎青山橋。青山霊園の西側で、補助5号線が外苑西通りの上を跨ぐ
右側手前の親柱「青山橋」
右側奥の親柱「あおやまばし」
左側手前の親柱（二枚）上「あおやまばし」／下「昭和三十九年七月完成」（縦書き）
左側奥の親柱「青山橋」

南青山陸橋の手前（東側）袂に橋名板はなかった。トンネル上道の行き止まりのまわり、突き当たり先の

歩道の途中、遮蔽フェンスやトンネルの筒にも掲げられていなかった。

Googleのストリートビューでトンネルの中をのぞくと、トンネルの西口近く、赤坂方面からの進行左側に非常電話と火災報知器が備えられている。その手前に、地上部分から橋梁部へのつなぎ目らしき筋が確認できるが、外のどの部分にあたるかは分からない。橋名板は見当たらなかった。

トンネル封鎖

最初の青山橋ができてから、南青山陸橋と乃木坂トンネルが開通するまで、三十三年かかっていた。いったいどういうことなのか。

はじめ乃木坂トンネルは、地下鉄千代田線と同時期の完成を見込んでいた。霞ヶ関と代々木公園の間に地下鉄が開通したのは、昭和四十七年（一九七二）十月二十日で、乃木坂駅も同時開業した。しかし、トンネルは開通せず、以来、二十五年かかって開通したことになる。

乃木坂陸橋の外観と橋名板。橋をくぐるとトンネルになる。（F）

トンネルが橋になっている南青山陸橋の外観と橋名板。（F）

昭和 39 年に完成した青山橋の外観と橋名板。（F）

この長い間になにがあったのか。実は、地元住民による騒音や排気ガス規制問題に絡む、トンネル開通の反対運動が起きた。工事に待ったがかかり、完成したトンネル双方の入り口が、コンクリートで塞がれたのだ。

▽昭和四十三年（一九六八）十二月十六日
地下鉄9号線（のちの千代田線）のうち、霞ヶ関と代々木公園の間の建設工事がはじまる。

▽昭和四十三年（一九六八）
乃木坂トンネルの工事に着工する。

▽昭和四十五年（一九七〇）六月
周辺住民の約二千世帯が、公害被害にあうと反対を表明する。署名を都建設局に提出し、美濃部都知事に面会するなどの運動を起こした。

▽昭和四十五年（一九七〇）七月
東京都は、都道補助5号（都道413号線、赤坂通りは乃木坂陸橋まで）のうち、乃木坂下と青山墓地をつなぐ部分を、トンネル構造にしようと計画をする。対して、地元の住民が「排気ガスと騒音公害を招く」と反対運動を起こした。

東京都は、地下鉄千代田線の工事と並行して、本年度中に新道建設に着工することになっていたが、この区間を切り通し方式にすると、両側の住宅が離されるという。住民はトンネル反対を決議し、都に対して計画変更を要求。都は土地提供者と話し合い、トンネル構造にして上部を駐車場などに利用できるように計画した。

▽昭和四十六年（一九七一）十月
都道補助5号は、四十七年三月までに工事を完成させる予定だったが遅れていた。先頃の会合で、乃木坂トンネルに反対する住民が、初めて条件として「無公害エンジンの開発までトンネルの開通に反対する」と提案した。

▽昭和四十七年（一九七二）一月
住民は「開通すると車の通行量が増え、大気汚染が

進む」と強く反対する。

▽昭和四十七年（一九七二）十月二十日

地下鉄千代田線の霞ヶ関と代々木公園の間が開通し、同時に乃木坂駅も開業する。千代田線は、北千住から代々木公園までつながった。

▽昭和四十八年（一九七三）二月

トンネルは四十七年度内に完成する予定だったが、周辺住民は開通後の排ガス、騒音公害に反対した。対して東京都は、周辺住民の「無公害車ができるまでトンネル開通に反対」とする要求を全面的に受け入れた。

さらに（一）青山側から六〇メートルのトンネル内と、六本木側出口の二ヵ所をコンクリートでフタをする。（二）青山側トンネル出口で、環状3号線の上を跨ぐ陸橋は建設をしない、というトンネルの凍結プランが決まった。

都の建設局は「社会情勢が変わって、トンネルを利用したい、という都民の要求が強まった場合は、再度、トンネル使用について話し合う」という条件を周辺住民と取り交わした。

また、トンネルの上は、土をかぶせて生活道路として使用するため、予算がムダになる心配はないとした。

▽昭和四十八年（一九七三）五月

補助5号線のうち、赤坂八丁目の乃木神社脇から、六本木七丁目の衆議院青山宿舎付近に至る、乃木坂トンネルの八割が完成するが、工事は中断。青山側トンネル出口で環状3号線の上を跨ぐ陸橋の工事は未着工のまま止まった。

トンネルはつながったものの、排ガス規制問題がクローズアップされる直前の、道路公害反対の住民運動最盛期という時期で、都建設局との話し合いは平行線をたどった。

▽昭和四十八年（一九七三）六月

都はトンネルの両側出入り口をコンクリートブロックで封鎖。公害反対運動により入り口を封鎖した道路は全国的にも珍しいといわれた。

なかにトンネルのあることは分からなくなった。西側の口には衆議院青山議員宿舎や、日本学術会議などがあり、トンネルの上にはマンションが建ち並ぶ一等地となるが、東側の口には浮浪者が住むようになった。

以降、工事は実質的に平成五年（一九九三）まで中断した。

▽昭和五十三年（一九七八）三月

昭和四十八年のトンネル入り口封鎖以降、反対運動に重い腰をあげない東京都と、停滞気味の住民運動はお互いが動かず、平行線が続いたまま遅々として交渉に進展はなかった。

そんななかで自動車排ガス規制が実施され、東京都建設局は四月から住民団体との交渉をはじめ、開通に向けて動き出す方針を決めた。

▽昭和五十七年（一九八二）十一月

東京都は、ひどくなる交通状況を打開するため、長期間にわたり建設計画が凍結されてきた、外郭環状道路などの整備に積極的な姿勢を打ち出した。都監査委員からの改善勧告もあり、トンネルの開通に本格的に取り組むことになった。

周辺施設に協力を求め、関係住民への説明会を再開。計画では五十八年度に約五千万円の事業費で九年ぶりに工事を再開、六十年度の開通を目指した。

▽昭和五十八年（一九八三）十月

四十七年のトンネル開通をめぐる紛争以降、東京都と住民の間に進展交渉がなく十一年が経過した。

今年度に入り、都が環境調査費と橋脚工事費の一部として予算を計上。六月には有害物質、騒音、交通量の調査に着手した。住民団体が反対運動を再開。先頃、説明会が開かれ、都は「道は結んでこそ機能する」と、トンネル開通への協力を呼びかけたが、住民側からは「環境悪化はあきらか」と強い反対意見が打ち出され、説明会は平行線に終わった。

▽平成九年（一九九七）十一月

都道補助線街路第5号線のうち、港区赤坂九丁目から南青山二丁目までの、片側一車線四九〇メートル、幅一〇・五―一七・一メートルが開通。乃木坂トンネルは全長二二〇メートルで、七三メートルが南青山陸橋、半分以上がトンネルと陸橋の道となる。総工費は四十五億円。特徴として、一二三メートルの半円形シェルターと四基の排気ファンを備え、必要電力の三分の一を太陽光発電システムがまかなうことになる。

▽平成九年（一九九七）十一月二十五日

乃木坂トンネル開通記念式典が催される。赤坂警察署の白バイ隊員の先導でパレードが行なわれ、午後三時から一般に開放された。この開通により補助5号線の全長五キロのうち、二・五キロが開通。分断していた外苑東通りと環状3号線が結ばれ、六本木通りや青山通りの渋滞緩和が期待された。

思った以上に情報量が少なく、進捗状況がつながらなかった。

特に、昭和五十八年（一九八三）から開通までの十四年間という、長きにわたる資料を見つけることができなかった。どういう状況のもとで話が進んだのか、行間が気になる。それでも、その期間にも、東京都の

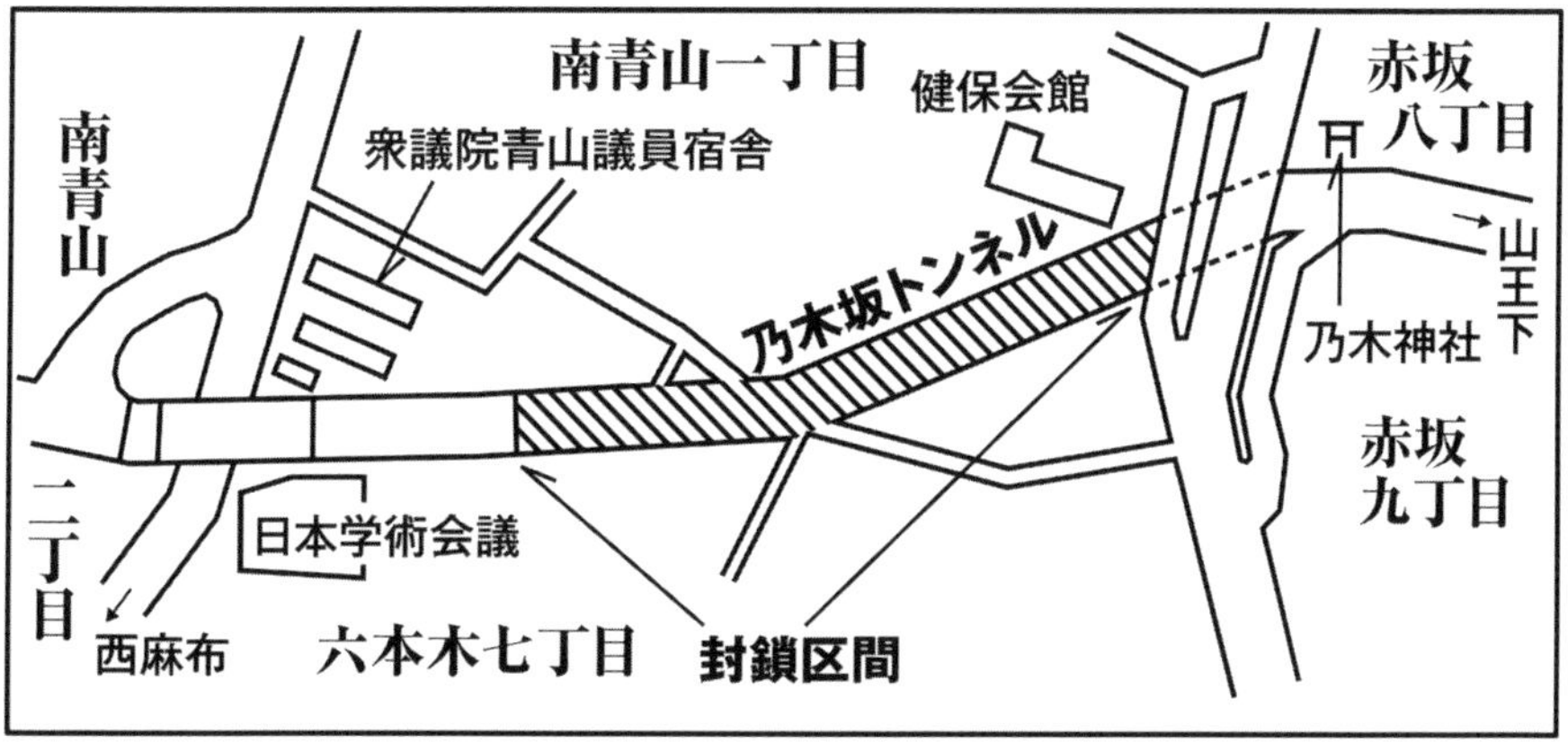

木坂トンネル建設途中の封鎖区間。（F）

担当部署と地元住民の間で、何度も話し合いがもたれ、意見が交わされたのは確かだろう。

乃木坂陸橋から乃木坂トンネルへの入り口につく隧道名板（F）

FINALE

乃木坂って、ここ！

坂上が坂下に

あらためて「乃木坂って、どこ？」なのか。

まだ、なにも知識がない頃は、その名称から「乃木坂トンネル」が「乃木坂」だと思い込んでいた。

　赤坂通りは外苑東通りの下をくぐると、そのまま乃木坂トンネルとなり、トンネルが始まる左側の壁に銘板が掲げられている。トンネルは筒のまま環状3号線の上を跨ぎ、抜けると跨いだ環状3号線と「補助5号支1」でつながる。ここまでが「乃木坂」だと思っていた

　しかし、乃木坂の名称は、トンネルができるずっと以前、明治時代からあった。平成九年（一九九七）に開通した乃木坂トンネルが、乃木坂の名であるはずはない。

　すると、乃木坂はどこなのか。昔の地図をみると、赤坂通りから外苑東通りに、そのまま真っすぐ丁字交差点に突き当たる。それが乃木坂だった。起点は赤坂八丁目と赤坂九丁目の東端、赤坂小前の交差点だった。のちに坂は崩され、いまは真っすぐつながっていない。外苑東通りの直前で、左に曲がり坂をのぼって行く。

　赤坂小前の交差点から西に向かって傾きはある。だからか、いまでも赤坂小前の交差点を坂の起点とする資料が多いが、違うように思えてならない。

乃木坂って、ここ！

『江戸の坂　東京の坂（全）』の巻末にある「江戸東京坂名集録および索引」の「乃木坂」には「外苑東通りへ上る坂」（五〇四頁）とある。するとやはり考えられるのは、突き当たりを起点とした左に曲がる坂しかない。

赤坂通りから乃木坂陸橋をくぐる直前、乃木坂陸橋交差点から左折する道がある。曲がると、左に旧ＳＭＥ乃木坂ビルを見ながら、外苑東通りの壁下から並行して坂をのぼる。途中、のぼり坂は合流のためカーブが左にふくらみ、間に植え込みができる。そして外苑東通りと直角に合流する。

昔の乃木坂のように真っすぐではないが、それでも、ちゃんと下の赤坂通りと、上の外苑東通りを坂道でつないでいる。まさに「乃木坂」そのもののような気がしてならない。ならば坂下の起点は、どこになるのか。

昭和四十五年（一九七〇）七月七日付『読売新聞』に、乃木坂トンネル開通に反対する運動が起きたときの記事がある。トンネルの位置を説明していた。

トンネル構造になるのは、青山墓地方面と乃木坂下をつなぐ約八十メートルの区間

新聞が、なに気なく記した「乃木坂下」が、位置を明確にしていた。トンネルの入り口となる陸橋をくぐる手前、乃木坂陸橋交差点を坂下としているのだ。そして、坂上は外苑東通りとの合流地点。二つの点を結ぶ坂が「乃木坂」となる。

かつては赤坂通りから続く坂を真っすぐのぼり、外苑東通りとつながったところが「坂上」だった。しかし、いまは坂が崩され、左にのぼっていく坂の「坂下」になった。同じ場所が「乃木坂上」から「乃木坂下」に変わった、珍しい例かもしれない。

これまで見てきたなかで、江戸時代初期の「膝折坂」から、江戸中期の「行合坂」、明治時代の「幽霊坂」への名称の流れが、なんとなく位置づけられた。

徳川家康が江戸に入ってまもなくの天正十八年（一五九〇）、家康は仕えていた青山忠成に、馬が走った範囲の土地を与えた。青山の馬は最後、坂の途中で膝を折り「膝折坂」と呼ばれるようになった。

文政年間（一八一八～一八三一）、幕府は『町方書上』や『御府内備考』に府内の地誌をまとめた。また、江戸時代の中期に編纂された『江戸砂子』がある。どれにも、坂の上で青山と龍土町の二つの町が行き合う「行合坂」の説明がされていた。

乃木坂に変わるまで使われていた「幽霊坂」がある。明治十七年（一八八四）の「参謀本部陸軍部測量局地図」では、坂の名前を「幽靈坂」としている。また、港区の子ども向けのウェブサイトから、警察のウェブサイトにまで、幅広く浸透していた。

そして日露戦争が終わったあたりからは、坂の近くに住んでいだ乃木希典の名を冠した「乃木坂」と呼ばれるようになった。大正元年（一九一二）には、明治天皇の大葬の夜に殉死したことで「乃木坂」と決定づけられ一般化した。

そんな乃木坂の名前を、一躍世間に轟かせたのが、平成二十三年（二〇一一）八月に結成した女性アイドルグループ乃木坂46だった。平成二十九年、三十年と二年連続で日本レコード大賞を受賞し「乃木坂」の名前は、これまで以上に誰にも知られるようになった。

乃木坂って、ここ！

乃木活

「乃木活」という言葉がある。といっても全然一般的でない、乃木坂46ファン限定の言葉だ。

「就活」や「婚活」「終活」と同じで、意味は「乃木坂46ファン活動」のこと。オフィシャルサイトの情報をもとに、テレビやラジオ、ウェブサイトなどの出演番組や、掲載雑誌のチェック。全国握手会、個別握手会への参加や、バースデーライブ、全国ツアー、クリスマスライブ、アンダーライブなどへの参戦。はたまたメンバーが出演するイベントの観覧や、メンバーが個々に出演する舞台の観劇にとどまらない。

ミュージックビデオやプロモーションビデオ、テレビの出演番組などの撮影場所を訪ねる聖地巡礼。また、メンバーが出演番組で紹介した商品を入手し、紹介した場所を訪ねる。それも「乃木活」。乃木坂46にゆかりのある、乃木神社へ参拝し、絵馬を奉納することも「乃木活」となる。

乃木神社と乃木坂46との関係は、デビューシングルのヒット祈願からはじまり、メンバー揃っての初詣や、新成人メンバーの成人式など、深いつながりがあった。

これまで何回となく乃木神社を訪ねた。しかし、乃木坂46のファン活動として境内に入ったことはなく、絵馬を奉納したことも、また、メンバーやファンが奉納した絵馬を見たこともない。いずれも乃木希典の足跡を追う活動、いわゆる「乃木活」の一環で、乃木神社に赴き参拝し、授与所を訪ねて宝物殿を見学した。

文字は「乃木活」でも、乃木坂46の活動ではなく、あくまでも乃木希典の足跡を追う活動だった。それでもいつの日か、乃木坂46のファン活動として、乃木神社を訪ねたいと思っている。


私は、平成三年（一九九一）から長崎に住んだ。長崎の街の中心部は、まわりを山々に囲まれた、すり鉢状の底にある。坂の街・長崎といわれる由縁である。

長崎での日常は坂とともに繰り広げられ、生活の知恵が生まれる。多量のゴミを積むバケットの底に二本の板がつき、ソリのように引かれ、階段をすべっていく。路線バスの運転手のハンドルさばきは天下一品。車が入らない山の上まで続く路地を、重たい荷物を背にした馬がゆっくりのぼっていく。

十八年住んだ長崎をあとに平成二十二年（二〇一〇）からは埼玉に住んでいる。見渡すかぎりの関東平野で、坂とは無縁な土地とばかり思っていたが、いたるところに坂があった。

なかでも東京湾に面する港区辺りに密集していた。

秩父山麓に端を発する港区の高台地は、武蔵野台地の東末端にあたる。渋谷川をはさんで北側の飯倉台地と麻布台地、南側の高輪台地と白金台地など、いくつかの大きな台地の外れとなる。対して東側からは海岸低地が、台地にはさまれ谷となり、細かく入り込む。樹枝状に山と谷とが交錯し、起伏に富んだ地形が坂をつくり出している。

明治時代から大正、昭和初期にかけて港区は芝区、麻布区、赤坂区の三つに分かれていた。東に位置する芝区は、台地の縁から東の低地沿岸部を占め、西の赤坂区は台地の上となる。麻布区は芝区と赤坂区にはさまれ、台地のなかに深い谷がいくつも入り込んでいる。

都心部でも特に複雑な地形をしている港区には、東

京都が指定する急傾斜地崩壊危険箇所が百十八個所あり、そのうち麻布地区には四十四ヵ所あるという。（平成十三年度現在）

一本の道で、坂をおりたと思ったら、すぐまたのぼったり。地図ですぐ近くを並行している二本の道を見つけたら、それぞれが高地と低地に沿って延び、二本をつなぐ道が坂だったりする。

数多くある坂のうちの一つに興味を持ち、ここまでまとめられたのは、乃木坂46の存在が大きく、そもそものきっかけとなった。もし、乃木坂46という女性アイドルグループに惹かれなかったら、乃木希典に興味を持たず、乃木坂を掘り下げようとも思わなかっただろう。

そして日本の、とりわけ港区の近現代史をたどることになった。そのなかには片隅に追いやられて散在した、数多くの紆余曲折の歴史があった。そして、少なからず埋もれた片鱗に触れることができた。

最後に、乃木坂46とそのファンに出会わなかったら、この本は書けませんでした。いまの時代を彩る乃木坂46のメンバーだけでなく、取材をすすめていくなかで、たくさんの人々との出会いがありました。そのすべての方々に感謝いたします。そして、私と根気よくお付き合いしてくださった、えにし書房の塚田さんに心から感謝いたします。

令和元年　八月吉日

藤城かおる

参考資料

◆港区関連1

『赤坂区史』東京市赤坂区役所　昭和十六年（一九四一）三月
『赤坂区史』東京市赤坂区役所　昭和十七年（一九四二）三月
『麻布区史』東京市麻布区役所　昭和十六年（一九四一）三月
『芝区誌』東京市芝区役所　昭和十三年（一九三八）三月
『港区史 上巻』東京都港区役所　昭和三十五年（一九六〇）三月
『港区史 下巻』東京都港区役所　昭和三十五年（一九六〇）三月
『港区議会史 通史編』東京都港区議会　平成五年（一九九三）三月
『東京案内 下巻』東京市役所　裳華房　明治四十年（一九〇七）四月
『東京都道路現況調書』東京都建設局道路管理部　平成二十八年（二〇一六）三月
『平成22年度特別展 江戸図の世界』港区立港郷土資料館　平成二十二年（二〇一〇）十月　[付図『安永手書江戸大絵図 乾、坤』安永八年（一七七九）頃]
『赤坂檜町の三万年』港区立港郷土資料館　平成二十年（二〇〇八）一月
『平和の願いをこめて２０１６ 港区戦争・戦災体験集 第3集』港区総務部総務課人権・男女平等参画係　平成二十八年（二〇一六）三月
『増補 写された港区 三（麻布地区編）』港区教育委員会　平成十九年（二〇〇七）三月
『増補 写された港区 四（赤坂地区編）』港区教育委員会　平成二十年（二〇〇八）三月
『明治の港区』東京都港区立三田図書館　昭和四十一年（一九六六）十二月
『続・明治の港区』東京都港区立三田図書館港区資料室　昭和四十三年（一九六八）三月
『港区の文化財・第5集　赤坂・青山その1』東京都港区教育委員会社会教育課　昭和四十四年（一九六九）三月
『港区の文化財・第12集 赤坂・青山その2』東京都港区教育委員会社会教育課　昭和五十一年（一九七六）三月
『港区神社寺院一覧』港区立みなと図書館　昭和五十七年（一九八二）
『ちょっと書庫まで行ってきます』東京都公文書館　東京都生活文化局広報広聴部都民の声課　平成三十年（二〇一八）三月
『電気局三十年史』東京市電気局　昭和十五年（一九四〇）十二月
『東京市昭和十五年事務報告書』東京市役所　昭和十六年（一九四一）
『都電60年の生涯』東京都交通局　昭和四十六年（一九七一）十二月
『日比谷公園』前島康彦　公益財団法人東京都公園協会　昭和五十五年（一九八〇）八月
『青山霊園』田中濴 公益財団法人東京都公園協会　昭和五十六年（一九八一）九月
『近代史史料 陸軍省日誌 第八巻』朝倉治彦編　東京堂出版　昭和六十三年（一九八八）十二月
『近代史史料 陸軍省日誌 第九巻』朝倉治彦編　東京堂出版　平成元年（一九八九）一月

◆港区関連2

『東京名所図会 赤坂区・麻布区之部』宮尾しげを監修　睦書房　昭和四十三年（一九六八）十二月
［第35編　明治三十五年（一九〇二）三月　麻布区之部（其一）
第36編　明治三十五年（一九〇二）十月　麻布区之部（其二）
第37編　明治三十六年（一九〇三）一月　赤坂区之部（其一）
第38編　明治三十六年（一九〇三）七月　赤坂区之部（其二）］
『港区史跡散歩』俵元昭　学生社　平成四年（一九九二）十一月
『赤坂小史』山一證券株式会社　昭和五十七年（一九八二）十一月
『乃木坂界隈物語』高橋紫苑　岩田正子　昭和六十三年（一九八八）九月　私家版
『赤坂物語』河端淑子　都市出版株式会社　平成十八年（二〇〇六）五月
『凩の時』大江志乃夫　ちくま学芸文庫　平成四年（一九九二）九月
『明治・大正・昭和　記者生活二十年の記録』小野賢一郎　大空社　平成五年（一九九三）六月［萬里閣書房　昭和四年（一九二九）四月］
『森銑三著作集 続編 第十一巻』森銑三　中央公論社　平成六年（一九九四）六月
『文政のまちのようす 江戸町方書上（三）麻布編』長谷川正次監修　東京都港区立みなと図書館　平成七年（一九九五）三月

『文政のまちのようす 江戸町方書上（四）赤坂編』長谷川正次監修 東京都港区立みなと図書館 平成八年（一九九六）三月
『大日本地誌大系3 御府内備考 第三巻』蘆田伊人編集校訂 雄山閣 平成十二年（二〇〇〇）十一月
『大日本地誌大系4 御府内備考 第四巻』蘆田伊人編集校訂 雄山閣 平成十二年（二〇〇〇）十一月
『江戸砂子』小池章太郎編 東京堂出版 昭和五十一年（一九七六）八月
『江戸砂子』菊岡、沾涼ほか 須原屋伊八ほか 明和九年（一七七二）
『新訂江戸名所図会 巻之三』市古夏生、鈴木健一校訂 ちくま学芸文庫 平成八年（一九九六）十一月
『新訂江戸名所図会 別巻1 江戸切絵図集』市古夏生、鈴木健一編 ちくま学芸文庫 平成九年（一九九七）四月
『新訂江戸名所図会 別巻2 江戸名所図会事典』市古夏生、鈴木健一編 ちくま学芸文庫 平成九年（一九九七）六月
『江戸東京物語 都心篇』新潮社 平成五年（一九九三）十一月
『江戸東京物語 下町篇』新潮社 平成五年（一九九三）十二月
『江戸東京物語 山の手篇』新潮社 平成六年（一九九四）一月
『江戸東京物語 上野・日光御成道界隈』新潮社 平成九年（一九九七）五月
『東京都市計画物語』越澤明 ちくま学芸文庫 平成十三年（二〇〇一）三月
『新版大東京案内 上』今和次郎 ちくま学芸文庫 平成十三年（二〇〇一）十月
『新版大東京案内 下』今和次郎 ちくま学芸文庫 平成十三年（二〇〇一）十一月
『大東京写真案内』博文館新社 平成二年（一九九〇）九月
『よみがえる明治の東京 東京十五区写真集』玉井哲雄／編 石黒敬章／企画 角川書店 平成四年（一九九二）三月
『明治の東京写真 丸の内・神田・日本橋』石黒敬章 角川学芸出版 平成二十三年（二〇一一）三月
『明治の東京写真 新橋・赤坂・浅草』石黒敬章 角川学芸出版 平成二十三年（二〇一一）五月
『明治東京図誌 第1巻東京一』小木新造 筑摩書房 昭和五十三年（一九七八）二月
『明治東京図誌 第2巻東京二』前田愛 筑摩書房 昭和五十三年（一九七八）十月
『明治東京図誌 第3巻東京三』芳賀徹 筑摩書房 昭和五十四年（一九七九）三月
『目で見る港区の１００年』郷土出版社 平成二十五年（二〇一三）七月
『追補 明治大正昭和世相史』加藤秀俊他 社会思想社 昭和四十七年（一九七二）四月
『増補版 江戸東京年表』吉原健一郎他 小学館 平成十四年（二〇〇二）十二月
『馬車鉄から地下鉄まで』石川悌二 東京都公報普及版編纂室 昭和三十六年（一九六一）一月
『大名の日本地図』中嶋繁雄 文春新書 平成十五年（二〇〇三）十一月
『江戸の大名屋敷を歩く』黒田涼 祥伝社新書 平成二十三年（二〇一一）六月
『江戸屋敷三〇〇藩いまむかし』メディアユニオン 実業之日本社 平成二十年（二〇〇八）四月
『江戸三百藩まるごとデータブック』人文社 平成十九年（二〇〇七）四月

◆乃木関連

『明治の軍神 乃木希典』大浜徹也 雄山閣 昭和四十五年（一九七〇）七月
『乃木希典』大濱徹也 河出文庫 昭和六十三年（一九八八）一月
『乃木希典』大濱徹也 講談社学術文庫 平成二十二年（二〇一〇）十二月
『人間乃木 将軍篇』宿利重一 春秋社 昭和六年（一九三一）九月
『増補 乃木希典』宿利重一 春秋社 昭和十二年（一九三七）九月
『増補 乃木静子』宿利重一 春秋社 昭和十二年（一九三七）九月
『乃木希典』岡田幹彦 展転社 平成十三年（二〇〇一）一月
『乃木希典』松下芳男 吉川弘文館人物叢書 昭和三十五年（一九六〇）十一月
『乃木希典』福田和也 文春文庫 平成十九年（二〇〇七）八月
『乃木希典』松田十刻 ＰＨＰ文庫 平成十年（二〇〇五）一月
『人間乃木希典』戸川幸夫 学陽書房人物文庫 平成十二年（二〇〇〇）十月
『乃木と東郷（上・下）』戸川幸夫 ＰＨＰ文庫 平成元年（一九八九）十二月
『将軍乃木』桜井忠温 実業之日本社 昭和三年（一九二八）九月
『新編将軍乃木』桜井忠温 新潮社文庫 昭和十三年（一九三八）十一月
『殉死』司馬遼太郎 文春文庫 昭和五十三年（一九七八）九月
『乃木大将と日本人』S・ウォシュバン 講談社学術文庫 昭和五十五年（一九八〇）一月
『名将乃木希典』桑原嶽 中央乃木会 平成二年（一九九〇）九月

『乃木希典と日露戦争の真実』桑原嶽　PHP新書　平成二十八年（二〇一六）六月
『明治之軍神 乃木大将写真帖』渡邊銀太郎　新橋堂　大正元年（一九一二）十月
『軍神』山室健徳　中公新書　平成十九年（二〇〇七）七月
『乃木神社 御祭神百年誌』乃木神社　平成二十五年（二〇一三）九月
『乃木神社 由緒書』乃木神社　平成二十一年（二〇〇九）一月
『明治天皇のご生涯』明治神宮　新人物往来社　平成二十四年（二〇一二）七月
『日露戦争の事典』原田勝正　三省堂　平成元年（一九八九）八月

◆坂関連

『江戸の坂　東京の坂（全）』横関栄一　ちくま学芸文庫　平成二十二年（二〇一〇）十一月
『江戸の坂 東京の坂』横関栄一　中公文庫　昭和五十六年（一九八一）六月
『続 江戸の坂 東京の坂』横関栄一　中公文庫　昭和五十七年（一九八二）二月
『続 江戸の坂 東京の坂』横関栄一　有峰書店　昭和五十年（一九七五）六月
『今昔 東京の坂』岡崎清記　日本交通公社　昭和五十六年（一九八一）九月
『江戸東京坂道事典』石川悌二　新人物往来社　平成十年（一九九八）二月
『江戸東京坂道事典コンパクト版』石川悌二　新人物往来社　平成十五年（二〇〇三）九月
『江戸の坂』山野勝　朝日新聞社　平成十八年（二〇〇六）十月
『東京の「坂」と文学』原征男　彩流社　平成二十六年（二〇一四）三月
『東京坂道散歩』冨田均　東京新聞出版局　平成十八年（二〇〇六）九月
『東京の坂』中村雅夫　晶文社　平成六年（一九九四）一月
『凹凸を楽しむ東京「スリバチ」地形散歩』皆川典久　洋泉社　平成二十四年（二〇一二）二月
『明治大正凸凹地図 東京散歩』増田義和　実業之日本社　平成二十七年（二〇一五）十月

◆地図関連

『大江戸「古地図」大全』菅野俊輔／監修　別冊宝島２４２３　平成二十八年（二〇一六）二月
『古地図で歩く江戸城・大名屋敷』別冊太陽　太陽の地図帖６　平凡社　平成二十三年（二〇一一）三月
『東京時代MAP』新創社・編　光村推古書院　平成十七年（二〇〇五）十月
『明治の地図で見る鹿鳴館時代の東京』原田勝正　学習研究社　平成十九年（二〇〇七）十月
『江戸切絵図散策』別冊歴史読本30　新人物往来社　平成十四年（二〇〇二）十二月
『切絵図・現代図で歩く　江戸東京散歩』古地図ライブラリー別冊　人文社　平成十八年（二〇〇六）五月
『どんな町？　どう変わった？　江戸東京古地図』正井泰夫　幻冬舎　平成十六年（二〇〇四）一月
『古地図で歩く江戸・東京』山本博文　三栄書房　平成二十八年（二〇一六）七月
『古地図で歩く江戸・東京　歴史探訪ガイド決定版』「江戸楽」編集部　メイツ出版　平成三十年（二〇一八）五月
『古地図で読み解く　江戸東京地形の謎』芳賀ひらく　二見書房　平成二十五年（二〇一三）八月
『東京の地理がわかる事典』鈴木理生　日本実業出版社　平成十一年（一九九九）九月
『江戸・東京の歴史と地理』安藤優一郎　日本実業出版社　平成二十二年（二〇一〇）四月
『地図と愉しむ東京歴史散歩』竹内正浩　中公新書　平成二十三年（二〇一一）九月
『地図と愉しむ東京歴史散歩　都心の謎篇』竹内正浩　中公新書　平成二十四年（二〇一二）六月
『地図と愉しむ東京歴史散歩　地形篇』竹内正浩　中公新書　平成二十五年（二〇一三）七月
『地図と愉しむ東京歴史散歩　お屋敷のすべて篇』竹内正浩　中公新書　平成二十七年（二〇一五）十月
『地形で解ける！　東京の街の秘密50』内田宗治　じっぴコンパクト新書　平成二十八年（二〇一六）六月
『幕末歴史散歩 東京篇』一坂太郎　中公新書　平成十六年（二〇〇四）六月
『古地図で謎解き江戸東京「まち」の歴史』跡部蛮　双葉新書　平成二十六年（二〇一四）五月
『図説東京の地理』正井泰夫　青春新書　平成二十三年（二〇一一）二月

『図説江戸の地図帳』正井泰夫　青春新書　平成二十四年（二〇一二）十二月
『坂の町・江戸東京を歩く』大石学　PHP新書　平成十九年（二〇〇七）九月
『地名で読む江戸の町』大石学　PHP新書　平成十三年（二〇〇一）三月
『大江戸古地図散歩』佐々悦久　新人物文庫　平成二十三年（二〇一一）二月
『東京を江戸の古地図で歩く本』ロム・インターナショナル　KAWADE夢文庫　平成十六年（二〇〇四）七月
『封印された東京の謎』小川裕夫　彩図社文庫　平成二十九年（二〇一七）二月

◆地図

▽冊子

『江戸城下変遷絵図集　第10巻』朝倉治彦　原書房　昭和六十一年（一九八六）四月
［幕府普請奉行編　御府内沿革図書］
『江戸城下変遷絵図集　第20巻』朝倉治彦　原書房　昭和六十二年（一九八七）六月
［幕府普請奉行編　御府内沿革図書］
『江戸城下変遷絵図集　別巻2　江戸城下武家屋敷名鑑　下巻』朝倉治彦　原書房　昭和六十三年（一九八八）三月
『東京都港区　近代沿革図集　赤坂・青山』京都港区立三田図書館　昭和四十五年（一九七〇）三月
『増補　港区近代沿革図集　赤坂・青山』港区立港郷土資料館　平成十八年（二〇〇六）三月
『増補　港区近代沿革図集　麻布・六本木』港区立港郷土資料館　平成二十二年（二〇一〇）三月
『東京都便覧』全国教育図書株式会社　昭和二十六年（一九五一）八月

▽一枚もの

『寛永江戸全図（仮撮影版）』之潮　平成十九年（二〇〇七）［寛永十九年頃］
『明暦江戸大絵図』之潮　平成十九年（二〇〇七）一月［明暦三年直後］
『新板江戸外絵図』遠近道印　経師屋加兵衛　寛文十三年（一六七三）
『今井谷　六本木　赤坂絵図』人文社　平成二十二年（二〇一〇）［金鱗堂尾張屋清七　万延二年（一八六一）］
『明治二己巳年改正東京大繪圖』吉田屋文三郎　明治二年（一八六九）三月
『木版東京大小区分絵図』『明治東京区分地図　全』日本地図選集刊行委員会　人文社　昭和四十三年（一九六八）十二月［中村熊次郎、小林新兵衛　明治七年十二月］
『銅版東京大小区分絵図』『明治東京区分地図　全』日本地図選集刊行委員会人文社　昭和四十三年（一九六八）十二月［北畠茂兵衛、山村金三郎　明治八年十一月］
『明治初期東京地籍図集成（大日本改正東京全図B）』科学書院　平成十四年（二〇〇二）六月五日［明治十二年（一八七九）］
『明治20年（1887）地形図　赤坂・麻布北・愛宕　1／5000』内務省地理局　明治十九年（一八八六）十一月
『東京五千分之一「東京西部」復刻古地図』人文社［東京市5千分1地図「東京西部　麹町四谷及赤坂」参謀本部陸軍部測量局　明治二十年（一八八七）］
『東京五千分之一「東京南西部」復刻古地図』人文社［東京市5千分1地図「東京南西部赤坂及麻布」参謀本部陸軍部測量局　明治二十年（一八八七）］
『東京市赤坂区全図』東京郵便電信局　明治二十九年（一八九六）四月
『赤坂区全図』人文社［博益社　明治三十七年（一九〇四）十月］
『明治40年1月調査　東京市赤坂区全図』人文社　平成二十年（二〇〇八）［大倉書店　明治四十年（一九〇七）三月］
『東京市赤坂区全図』川流堂　東京逓信局　大正十年（一九二一）
『五千分之一東京市地図「第十五図」』内山模型製図社　昭和四年（一九二九）三月
『昭和一六年　大東京区分図　三五区之内　赤坂区詳細図』昭和礼文社　平成六年（一九九四）［日本統制地図株式会社　昭和十六年（一九四一）六月］
『東京三千分一図「27号ノ8　赤坂」』日本地形社　昭和二十二年（一九四七）九月
『東京三千分一図「35号ノ2　赤坂南部」』日本地形社　昭和二十二年（一九四七）九月
『東京都区分詳細図　港区』日本地図株式会社　昭和二十二年（一九四七）八月
『港区詳細図』読売新聞【内山地図株式会社】昭和二十九年（一九五四）三月
『東京都区分詳細図　港区』日地出版株式会社　昭和二十九年（一九五四）五月
『東京都23区別集成用基本図　港区』日本地図株式会社　昭和三十三年（一九五八）
『新修港区史付図その3』「昭和35年当時の港区」港区役所　昭和五十四年（一九七九）［東京地図社　昭和三十六年（一九六一）］
『新修港区史付図その4』「昭和53年現在の港区」港区役所　昭和五十四年

（一九七九）［東京地図社　昭和五十四年（一九七九）］

『港区管内道路図』港区街づくり支援部土木施設管理課　東京地図社　平成二十八年（二〇一六）四月現在

『東京都通称道路名地図』東京都建設局道路管理部　平成二十六年（二〇一四）二月現在

▽住宅地図

『東京都全住宅案内図帳　複製　あなたの事業のアシスタント！昭和34年北部』東京住宅協会編　東京住宅協会　平成二十五年（二〇一三）二月

『東京都全住宅案内図帳』昭和37年度版　港区　住宅協会地図部編集局／編　住宅協会地図部東京支所　昭和三十七年（一九六二）十月

『東京都全住宅案内図帳』38年改訂版　港区北部　東京住宅協会　昭和三十八年（一九六三）

『（東京都大阪府名古屋）全住宅案内地図帳』昭和40年度版　港区　住宅協会編　住宅協会（地図部）昭和四十年（一九六五）四月

『（東京都大阪府名古屋）全住宅案内地図帳』昭和42年度版　港区　住宅協会編　渋谷逸雄（地図研究室）昭和四十二年（一九六七）八月

『（東京都大阪府名古屋）全住宅案内地図帳』昭和44年度版　港区　住宅協会編　公共施設地図【渋谷逸雄】昭和四十四年（一九六九）十一月

『全住宅案内地図帳　全国統一地形図式航空地図』港区全区　公共施設地図航空株式会社／編　公共施設地図航空　昭和四十五年（一九七〇）

『全航空住宅地図帳』昭和47年度版　港区　公共施設地図航空編　渋谷逸雄　昭和四十七年（一九七二）九月

『全航空住宅地図　全国統一地形図式航測写真　昭和48年度版』港区　公共施設地図航空／編　公共施設地図航空　昭和四十八年（一九七三）

『東京都航空住宅地図帳　全国統一・地形図式・航空写真　昭和51年版』港区　公共施設地図航空株式会社／編　公共施設地図航空　昭和五十一年（一九七六）

『航空住宅地図帳』昭和52年版　港区　公共施設地図航空編　公共施設地図航空【渋谷逸雄】昭和五十二年（一九七七）九月

『航空住宅地図帳』昭和53年版　港区　公共施設地図航空編　公共施設地図航空【渋谷逸雄】昭和五十二年（一九七七）十一月

『航空住宅地図帳』昭和55年版　港区　公共施設地図航空編　公共施設地図航空【渋谷逸雄】昭和五十五年（一九八〇）十月

『航空住宅地図帳』昭和56年版　港区　公共施設地図航空編　公共施設地図航空【渋谷逸雄】昭和五十六年（一九八一）二月

『航空住宅地図帳』昭和58年版　港区　公共施設地図航空編　公共施設地図航空【渋谷逸雄】昭和五十八年（一九八三）二月

『ゼンリンの住宅地図　東京都［第3］3』港区　日本住宅地図出版株式会社編　日本住宅地図出版　昭和四十八年（一九七三）

『ゼンリンの住宅地図　東京都［第1］3』港区　日本住宅地図出版株式会社編　日本住宅地図出版　昭和五十三年（一九七八）

『ゼンリンの住宅地図』港区［１９７９］日本住宅地図出版　昭和五十四年（一九七九）九月

『ゼンリンの住宅地図　東京都［第5］3』港区　ゼンリン　昭和六十年（一九八五）

『ゼンリン住宅地図』（東京都３）港区１９８６　ゼンリン　昭和六十一年（一九八六）

『ゼンリンの住宅地図　東京都１９９１　3』港区　ゼンリン　平成二年（一九九〇）六月

『ゼンリン住宅地図　東京都3』港区１９９２［再版］ゼンリン　平成四年（一九九二）六月

『ゼンリン住宅地図　東京都１９９５　3・1』港区北部　ゼンリン　平成七年（一九九五）四月

『ゼンリン住宅地図　東京都１９９６　3』港区　ゼンリン　平成八年（一九九六）四月

『ゼンリン住宅地図　東京都3』港区１９９７　エム・アール・シー調査・編集　ゼンリン　平成九年（一九九七）四月

『ゼンリン住宅地図　東京都3』港区１９９８　ゼンリン　平成十年（一九九八）四月

『ゼンリン住宅地図　Ｓｔａｒｍａｐ　東京都3』港区２００２10　ゼンリン東京営業課製作・編集　エム・アール・シー調査・編集　ゼンリン　平成十四年（二〇〇二）十月

◆全集

『斎藤茂吉全集 第一巻 歌集一』斎藤茂吉　岩波書店　昭和四十八年（一九七三）一月

『斎藤茂吉全集 第二十六巻 雑纂二』斎藤茂吉　岩波書店　昭和五十一年（一九七六）七月

『新訂版・年譜　斎藤茂吉伝』藤岡武雄　沖積舎　昭和六十二年（一九八七）十月

◆新聞・雑誌・広報誌・機関紙・絵葉書・パンフレット

『朝日新聞〈復刻版〉明治編』『建設通信新聞』

『朝日新聞　縮刷版』『読売新聞　縮刷版』『毎日新聞　縮刷版』

オンラインデータベース『ヨミダス歴史館（読売新聞）』

オンラインデータベース『聞蔵Ⅱビジュアル（朝日新聞）』

オンラインデータベース『毎索（毎日新聞）』

オンラインデータベース『エレクトロニック・ライブラリー』

『週刊ＹＥＡＲＢＯＯＫ日録20世紀』１９１１～１９１２年版講談社　平成十年（一九九八）七月、八月

『日本鉄道旅行地図帳〈東京〉』今尾恵介　新潮社　平成二十年（二〇〇八）九月

「東京都公報」東京都

『洗心』中央乃木會

『乃木将軍邸公開参観記念絵ハガキ』乃木會　大正二年（一九一三）四月十三日

『東京名所　乃木大将邸絵ハガキ』

パンフレット『旧乃木邸のご案内』港区赤坂地区総合支所 協働推進課土木係

『学び舎の乃木希典』学習院大学史料館秋季特別展　平成三十年（２０１８）九月

【著者紹介】　藤城かおる（ふじしろかおる）

1961年東京生まれ、岩倉高等学校運輸科卒。1989年9月、東京都を離れ長野県の松本へ。さらに1991年11月に長崎へ引っ越し。2010年4月には、さいたま市へ。長崎では19年間、タウン情報誌の制作、編集に携わる。

著書『啞蟬坊伝──演歌と社会主義のはざまに』（えにし書房、2017年）

「埼玉考現学」http://blog.livedoor.jp/makuramot/
「長崎年表」http://f-makuramoto.com/01-nenpyo/index.html
「日本社会運動史年表」http://f-makuramoto.com/43-syakaika/index.html
「乃木坂46年表」http://f-makuramoto.com/46-nogi/noginen.html

乃木坂 ── 歴史と謎をめぐる旅

2019年 9月 25日 初版第1刷発行

■著者　藤城かおる
■発行者　塚田敬幸
■発行所　えにし書房株式会社
〒102-0074　東京都千代田区九段南2-2-7 北の丸ビル3F
TEL 03-6261-4369　FAX 03-6261-4379
ウェブサイト　http://www.enishishobo.co.jp
E-mail　info@enishishobo.co.jp

■印刷／製本　三鈴印刷株式会社
■DTP／装幀　板垣由佳

 ISBN978-4-908073-69-4 C0021

えにし書房　藤城かおるの既刊本

唖《あ》蟬《ぜん》坊《ぼう》伝《でん》

演歌と社会主義のはざまに

藤城かおる 著

A5 判 並製／ 360 頁／定価 3,000 円＋税

ISBN978-4-908073-41-0 C0023

付録「平民あきらめ賦詩」歌本見本
（唖蟬坊ら演歌師が販売した歌本の見本）

——民衆《たみ》の歌《こえ》を聴け！

自主制作 CD『明治大正発禁演歌〈唄ってはいけません〉』を発行した著者による唖蟬坊評伝の決定版。明治・大正・昭和をあくまで演歌師として生きた唖蟬坊の足跡に見え隠れする演歌史、社会史、民衆史を膨大な資料と丹念な調査で掬い上げる。とりわけ「社会党ラッパ節」の時代背景から製作過程等の詳細な検証は、歳月を超えて人々の心を打つ演歌の精髄に迫る渾身の論考。電車運賃値上げ反対運動、高島炭礦の惨状の詳細解説、年表、演歌索引など時代を伝える貴重な資料でもある。

〈目次〉

1　かあちゃんごらんよ
2　流行歌と日本社会党
（1）「社会党ラッパ節」への道
（2）「光」への投稿作品
3　「社会党ラッパ節」の検証
（1）電車運賃値上げ反対運動
（2）市民と会社
（3）「高島炭礦の惨状」
（4）高島炭鉱爆発事故
4　男三郎とその
（1）三つの殺人事件
（2）二つの歌詞
（3）発禁という烙印
5　そもそもの「ラッパ節」
（1）馬車に轢かれたひき蛙
（2）変幻自在のラッパ節
（3）電車問題の三つの歌詞
6　革命は近づけり
（1）東北、北海道へ遊説旅行
（2）官憲の要注意人物
7　国民的歌謡の供給者
おわりに——演歌のゆくえ
関連年表
参考文献
附録　「平民あきらめ賦詩」歌本見本